本书是山东省社科联2023年度人文社会科学课题合作专项（文旅融合发展提档升级研究专项）：文旅融合视域下青少年综合实践基地托管化运营模式研究（2023-WLZX-27）、山东省教育厅基础教育教学改革重点项目：中小学"大思政课"校外实践教学资源开发与利用研究（序号：31）的研究成果，由以上两个课题和济宁医学院青年工作研究中心共同资助出版。

青少年
综合实践基地托管化改革研究

周士涛　陈海华　著

中国海洋大学出版社
·青岛·

图书在版编目（CIP）数据

青少年综合实践基地托管化改革研究／周士涛，陈海华著.—青岛：中国海洋大学出版社，2024.5
ISBN 978-7-5670-3872-1

Ⅰ.①青…　Ⅱ.①周…　②陈…　Ⅲ.①青少年教育—教育研究　Ⅳ.①G775

中国国家版本馆CIP数据核字（2024）第105275号

青少年综合实践基地托管化改革研究
QINGSHAONIAN ZONGHE SHIJIAN JIDI TUOGUANHUA GAIGE YANJIU

出版发行	中国海洋大学出版社	
社　　址	青岛市香港东路 23 号	**邮政编码**　266071
网　　址	http://pub.ouc.edu.cn	
出 版 人	刘文菁	
责任编辑	由元春	
电　　话	15092283771	
电子信箱	94260876@qq.com	
印　　制	日照日报印务中心	
版　　次	2024 年 5 月第 1 版	
印　　次	2024 年 5 月第 1 次印刷	
成品尺寸	170 mm × 230 mm	
印　　张	11.75	
字　　数	230 千	
印　　数	1～1000	
定　　价	59.00 元	
订购电话	0532-82032573（传真）	

发现印装质量问题，请致电 0633-2298958，由印刷厂负责调换。

前言

　　本书主要围绕青少年综合实践基地的建设和发展问题，回答并阐述了"什么是托管化改革""为什么进行托管化改革""如何进行托管化改革"三个基本问题。本书的专业性、针对性较强，是山东省社科联2023年度人文社会科学课题合作专项（文旅融合发展提档升级研究专项）：文旅融合视域下青少年综合实践基地托管化运营模式研究（2023-WLZX-27）、山东省教育厅基础教育教学改革重点项目：中小学"大思政课"校外实践教学资源开发与利用研究（序号：31）的研究成果，也希望给有关部门或文教体旅等行业从业者提供参考。希望读者阅读本书后，能够进一步思考改革、推动改革、深化改革。

　　作为一名医学院校的思政课教师，笔者之所以聚焦于青少年综合实践基地的托管化改革问题，既有"偶然"的机缘，也是"必然"的结果。

　　先说"偶然"。2022年8月底，我主持的日照市2022年度社科研究项目——日照市大中小学思政课实践教学一体化机制研究的相关调研工作已基本完成。但在调研过程中，我发现了一类过去从未关注到的单位：青少年综合实践基地。这类基地是干什么的？为什么要专门设立这类基地？它们在大中小学的思政课实践育人一体化建设中能发挥什么样的作用？带着这些问题，我通过电话联系上了日照市青少年综合实践基地的周士涛副校长。周校长正在参与山东省教育厅基础教育教学改革重点项目——中小学"大思政课"校外实践教学资源开发与利用研究课题的研究工作，他在电话中很热情，邀请我到他们基地走一走、看一看。于是，我欣然同意并驱车前往。在他的办公室，我详细了解了日照市青少年综合实践基地的有关工作开展情况，并现场参观了有关设施设备。对我的一些疑问，周校长更是有问必答，并结合日照的实际和工作经历，谈了自己的认识和体会。随后，我又走访调研了日照1971研学营地、日照市五莲县青少年综合实践基地、日照市莒县青少年校外活动中心等相关单位。依据这些调研结果，由我和周校长主笔，撰写了资政报告《关于推动日照市中小学生综合实践基地创新发展的对策建议》一文。该报告通过日照市社科联上报给日照市有关领导。可以说，取得这一阶段性成果，具有"偶然"的成分。

再叙"必然"。对我而言，关注青少年综合实践基地的托管化改革问题，其实是一个必然的结果。2015年，我校进行了职称改革。2017年下半年，为了能够走"职称"之路，也为了有更多的时间照顾刚出生的二女儿，我向学校主动申请转到教学岗位。在最初从事专职教学的那一段时间，我就一直在思考这样一个问题：于教学，应该做一名什么样的教师？于科研，应该做一名什么样的学者？2016年5月30日，习近平总书记在全国科技创新大会、两院院士大会、中国科协第九次全国代表大会上的讲话中指出："广大科技工作者要把论文写在祖国的大地上，把科技成果应用在实现现代化的伟大事业中。"那么，作为一名社科工作者，我认为要想实现"把论文写在祖国的大地上"，应该首先在学校的驻地——齐鲁大地上写好论文。就这样，我的研究视线从校内拓展到校外，关注群体从青年大学生拓展到大、中、小学等学段的青少年学生身上。马克思主义强调实践出真知。作为一名思政课教师，面对当前思想政治教育的热点问题，我重点关注两个领域：网络育人与实践育人，主要的研究方法就是调查研究，主要的研究目的就是服务地方，主要的研究思路就是问题导向。因此，当我发现青少年综合实践基地在建设和发展过程中还存在一些亟待解决的问题时，聚焦于青少年综合实践基地的托管化改革也就成了一种"必然"。

2023年1月16日，日照市主要领导同志对我们上报的资政报告进行了肯定性批示。为落实有关精神，深化对青少年综合实践基地的研究，2023年6月，我作为课题主持人，与周校长和其他几位专家一道，以前期研究成果为基础，以"文旅融合视域下青少年综合实践基地托管化运营模式研究"为题目，又申报了2023年度山东省人文社会科学课题合作专项（文旅融合发展提档升级研究专项）。该专项于2023年9月初获批后，我们课题组一行进行分工协作，并马不停蹄地进行了新一轮调研，本书对相关调研成果进行了全方位呈现。

作为两个专项课题的研究成果，本书是我和周校长的共同努力的结果，是我们辛勤努力的见证。导论和前五章主要由周校长撰写，后三章主要由我执笔。我们两人又多次进行了沟通交流。我们希望本书出版后，能够发挥实际价值，至少能够起到启发思想的作用，为各地的青少年综合实践基地在托管化改革助"一臂之力"。

陈海华
2024年1月16日

目录

导论 ·· 001

上篇　改革基础篇

第一章　青少年综合实践基地的建设背景···················· 030

　第一节　当今世界教育的发展趋势 ······················ 030

　第二节　我国基础教育不断深化 ························ 040

　第三节　实践育人稳步推进 ···························· 045

第二章　青少年综合实践基地的发展历程···················· 055

　第一节　为强化德育实践应运而生 ······················ 056

　第二节　为推进素质教育快速发展 ······················ 059

　第三节　为规范综合实践示范建设 ······················ 064

第三章　青少年综合实践基地的基本内涵···················· 071

　第一节　青少年综合实践基地的特点与功能 ············ 071

　第二节　青少年综合实践基地的类型与优势 ············ 080

　第三节　青少年综合实践基地与学校教育的关系 ········ 086

第四章　青少年综合实践基地的建设现状·······························092

　第一节　青少年综合实践基地的管理模式　··················093

　第二节　青少年综合实践基地的主要问题　··················102

中篇　改革实践篇

第五章　青少年综合实践基地托管化改革的基本现状·················108

　第一节　对青少年综合实践基地托管化改革典型的考察　········108

　第二节　青少年综合实践基地托管化改革的现状探析　··········121

下篇　改革理论篇

第六章　青少年综合实践基地托管化改革的必要性与可行性·············126

　第一节　青少年综合实践基地托管化改革的必要性　···········126

　第二节　青少年综合实践基地托管化改革的可行性　···········130

第七章　青少年综合实践基地托管化改革的原则要求与监督管理··········140

　第一节　青少年综合实践基地托管化改革的原则、目标及要求　····140

　第二节　青少年综合实践基地托管化改革的监督管理　··········145

第八章　青少年综合实践基地托管化改革的优化措施·················149

　第一节　要围绕青少年综合实践基地进行顶层化设计　··········149

　第二节　要推动青少年综合实践基地建设专业化队伍　··········152

　第三节　要鼓励青少年综合实践基地实现特色化发展　··········154

　第四节　要针对青少年综合实践基地实行制度化监管　··········155

附录···158

参考文献·······································167

后记···172

导论

1999年6月，中共中央、国务院发布了《关于深化教育改革全面推进素质教育的决定》，提出了"加强课程综合性改革，着力培养学生创新意识、实践能力，全面推进素质教育"的要求，在"先实验后推广"原则的指导下，拉开了我国青少年综合实践教育基地建设的帷幕。通过中央扶持、省、市配套等政策，各地以市域为单位，基本建设并管理了至少一所成建制的青少年综合实践基地，无论是国家级示范性综合实践基地还是省级示范性综合实践基地都被赋予了改革的重任，在培养学生的创新精神和实践能力，提高学生的综合素质方面发挥了重要的实践育人作用。可以说，青少年综合实践教育基地是实施新课程改革的重要载体和平台，对全面推进素质教育意义重大。

随着课程改革的不断深入和文教体旅融合事业的不断发展，基地被不断赋能，由单一综合实践基地向"综合实践+研学旅行+劳动教育"的综合一体化基地发展，各地青少年综合实践基地原先普遍实行的"政府投入、财政托底、学校化管理"的管理机制越来越不适应时代发展要求，导致一些青少年综合实践基地在运行机制、基础管理、队伍建设、课程设置等方面面临着诸多困难和挑战，越来越影响学生创新精神、实践能力、劳动技能、研学旅行等教育目标的有效达成。在这种情况下，"政府监管、企业托管、公益为先、市场导向"的托管化管理模式在各地"试水"，并显示出蓬勃的生机和活力。

本书旨在以青少年综合实践基地的托管化改革为研究对象，在文教体旅融合的视域下，通过系统的调查研究，同时结合国内外青少年综合实践基地和研学旅行营地教育的相关经验做法，对青少年综合实践基地的托管化改革进行系统研究，目的是立足新时代的新要求，从制定切合实际的教育实践基地管理策略出发，为青少年综合实践教育基地的健康、稳定、快速发展以及托管化改革提出借鉴思路乃至资政建议。

那么，到底什么是青少年综合实践基地？当前对青少年综合实践基地的相关研究进展如何？青少年综合实践基地的托管化改革有什么研究意义？这些基本问题，有必要先搞清楚。

一、青少年综合实践基地的基本内涵

在对青少年综合实践基地开展托管化研究的过程中，有几个相关概念有必要讲清楚。只有厘清这几个基本概念，才能对所研究课题形成一个基本认知。

（一）中小学生与青少年

中小学生是小学生、初中生和高中生的统称。这是一个内涵明确、外延清晰的概念。与中小学生相似的另一个概念是"青少年"。

"青少年"这一概念经常出现在我们的日常生活中，是青少年理论研究和青少年工作发展的基础性概念。但是，对青少年的年龄界定问题，无论是在理论研究还是在实践工作中，都存在一定的认知偏差和实践差异，划分标准不一，并没有形成统一认识。

综合而言，对青少年的年龄界定，主要有心理学、人口学、刑法学、政治学等学科上的差异。

从心理学角度而言，我国心理学界普遍认为青少年时期即青春期，年龄范围在10~25周岁之间。但由于人的心理特征及其变化规律纷繁复杂，不同的心理学分支在青少年的年龄认识上又存在一定认识上的差异。如普通心理学认为"青少年"的年龄界限应该是10~20岁[1]，发展心理学认为"青少年"的年龄界定应该在"十一二岁至十七八岁"[2]，而青少年心理学认为"青少年"群体的年龄跨度应该为14~25周岁[3]。

从人口学角度而言，通常把10~19周岁的个体确定为青少年人口群组。[4]人口学认为"青少年"是从儿童到成年的过渡期，又被称作"成年转变"阶段。这一时期是由一系列重要的社会事件或生命事件构成的，如完成教育、进入劳动力市场、离开父母家独自生活、步入婚姻等。

从刑法学角度而言，法定犯罪的视角认为，青少年犯罪通常是指已满14

---

① 彭聃龄.普通心理学（第5版）［M］.北京：北京师范大学出版社，2019.

② 张文新.青少年发展心理学［M］.济南：山东人民出版社，2002.

③ 张向葵，李力红.青少年心理学［M］.长春：东北师范大学出版社，2007.

④ 吕利丹，阎芳，赵翔宇.人口转变背景下的中国青少年人口发展［J］.青年研究，2021（01）：26-39+94-95.

周岁而不满26周岁的人所实施的犯罪行为。因此，"青少年"自然应当是那些已满14周岁而不满26周岁的个体。①不过，随着2020年12月《刑法修正案（十一）》的通过，我国的最低刑事年龄责任年龄下调至12周岁，因此亦有刑法学者主张将青少年的年龄下限定为12周岁。②

从政治学角度而言，共青团系统对青少年的年龄界定最具有参考价值。在共青团系统中，"青少年"是"青年"和"少年"的合称，即把"青少年"等同于"青年"和"少年"两个群体，重点是指大学、中学、小学三个学段的学生。其中，对于"少年"的年龄界限，《中国少先队章程》第十一条明确规定了少先队队员是"6周岁到14周岁的少年儿童"。而对于"青年"的年龄界限，中共中央、国务院在2017年4月印发的《中长期青年发展规划（2016—2025年）》中明确指出"本规划所指的青年，年龄范围是14~35周岁"。与此同时，该《规划》还特别说明，当涉及婚姻、就业、未成年人保护及其他特定领域时，年龄界限依据有关法律规定。在共青团系统印发的一些公文中，凡是涉及这一年龄群体的工作，往往用"青少年"进行表述。例如，在《共青团中央二〇二三年工作要点》中，第一部分内容为"切实加强青少年思想政治引领，推动学习宣传贯彻党的二十大精神走深走实"，其中提到"组织青年讲师团、红领巾巡讲团、青联大讲堂等走进基层宣讲，引导青少年认清形势和任务，激发起建功新时代的信心决心"。由此可见，在共青团系统中，青少年的年龄跨度为6至35周岁。

当前，在各地青少年综合实践基地的命名中，也可以看出对"青少年"这一概念认知上的差异。这些基地常常被命名为"青少年综合实践基地""中小学综合实践学校""中小学生综合实践教育基地""青少年校外活动中心"等。

本书所指"青少年综合实践基地"的概念不是普遍使用的"中小学生综合实践基地"的概念，主要是基于以下考虑：在青少年综合实践基地托管化改革研究过程中，改革的主要受益者是中小学生。但是随着综合实践基地的

---

① 康树华. 青少年犯罪、未成年人犯罪概念的界定与涵义［J］. 公安学刊（浙江公安高等专科学校学报），2000（3）：15-19.

② 陈玮璐. 青少年犯罪防治与最低刑事责任年龄规定之修改［J］. 中国青年研究，2021（2）：52-57+42.

"综合性"越来越强，一些实施托管化改革的基地开始联合周边具有教育资源的各类市场主体，着力构建实践育人共同体，面向大学生开展劳动教育，推进大中小学生劳动育人一体化建设。与此同时，还面向一些企事业单位开展团建活动。这些基地通过开设一些创新性课程，吸引驻地企事业单位职工积极到基地开展素质拓展活动。

本书旨在通过研究青少年综合实践基地的托管化改革，推动青少年综合实践基地提档升级为大中小学生实践育人共同体。因此，结合本书的研究主题，本书使用的"青少年综合实践基地"中所指的青少年，年龄范围为6～35周岁，重点是指在校大、中、小学生，也包括职业学校的学生。

（二）综合实践基地与研学实践营地

1999年6月13日，中共中央、国务院发布了《关于深化教育改革全面推进素质教育的决定》，强调了全面推进素质教育的重要性，并提出了培养全面发展人才的关键途径是教育与生产劳动相结合。为了实施素质教育，社会各方面需要为学校提供必要的条件，包括开展生产劳动、科技活动和其他社会实践活动。此外，还需要加强学生校外劳动和社会实践基地的建设。社会实践基地的建设为综合实践基地产生打下了实验基础，2000年的《全日制普通高级中学课程计划（实验修订稿）》、2001年的《基础教育课程改革纲要（试行）》的颁布，为综合实践基地的建设提供了制度保障。为进一步发挥综合实践基地的育人功能，打造综合实践基地的国家级样板，财政部、教育部颁布了《中央专项彩票公益金支持示范性综合实践基地项目管理办法》。该办法指出："本办法所称示范性综合实践基地，是指以推进中小学生素质教育，提高实践能力为目的，具备室内综合实践区、室外劳动实践区、综合训练区、生活区等基本功能区，可容纳集中食宿，开展学工、学农、生命安全教育等综合实践教育活动的公益性场所。""十二五"期间，教育部、财政部使用中央专项彩票公益金先后支持建设了150家示范性综合实践基地，其中，2011年支持建设了20家，2012年支持建设了60家，2013年支持建设了30家，2014年支持建设了20家（详细名录见附录1）。在这150家示范性综合实践基地中，除1家因某种原因被摘牌外有149家综合实践基地获得了中央专项彩票公益金的专项支持，成为国家级示范性综合实践基地。

根据示范性综合实践基地的基本定义，周少明（2015）[①]，王中正（2020）[②]，张玮、薛保红（2020）[③]等一些专家学者认为，综合实践基地是中小学生开展综合实践课程的主要阵地。王定国、葛昌明（2022）提出，综合实践基地是以提升学生综合素质和动手能力为主要教学目标的场所。

我们基本认同专家意见，将青少年综合实践基地定义为中小学生思想道德教育的核心，是培养学生的社会责任感、创新精神和实践能力重要平台。综合实践基地以真实的社会生活环境、多样性功能教室和各类主题教育场馆等实践性教育资源作为支持，为学生提供丰富的学习资源和学习机会。在综合实践基地中，学生可以通过自主考察探究、社会服务、设计制作和职业体验等探究性、体验式学习方式进行学习。同时，综合实践基地在探究式教育活动方面相对稳定，它们为学生提供了一个全新的校外实践教育活动场域，旨在提高学生的核心素养，促进学生的全面发展。

专家观点强调了综合实践基地在中小学生思想道德教育中的核心地位。这不仅是一个培养基本学科知识的场所，更是一个塑造学生社会责任感、激发创新精神、增强实践能力的重要平台。综合实践基地的特色在于其提供了与真实社会生活环境相仿的场景，让学生能够在一个高度真实的环境中学习和成长。这里的多样性功能教室和各类主题教育场馆为学生创造了丰富的学习资源和机会。不同于传统课堂的被动接受，学生在这里可以主动探索和体验，通过参与社会服务、设计制作、职业体验等活动，不仅学到了知识，还学会了如何应用这些知识解决实际问题。综合实践基地还注重探究式教育活动，这种教育方式鼓励学生提出问题、寻找答案、验证假设，并在过程中培养他们的批判性思维和创新能力。它为学生提供了一个长期、持续的校外实践教育活动场域，使学生能够定期地、系统地进行实践活动，而不是偶然

---

① 周少明.综合实践活动基地课程资源开发的策略与实践研究——以广州市中学生劳动技术学校实践基地为例［J］.教学与管理，2015（1）：8-10.

② 王中正.中小学综合实践基地课程开发初探［J］.中学课程辅导（教师教育），2020（16）：124-125.

③ 张玮，薛保红.国家级综合实践基地开展野战运动的实践研究［J］.广西民族师范学院学报，2020（3）：137-140.

的、零散的体验。这种稳定性有助于学生形成良好的学习习惯，更好地将所学知识和技能转化为自己的核心素养。总的来说，青少年综合实践基地不仅是一个教育的场所，更是一个培养学生综合素质、促进其全面发展的重要平台。

与中小学校内开展的学生常规性实践活动不同，实践基地活动课程更注重学生的实际操作和实践能力的培养，多以实地考察、实验探究、技能训练等为主。基地活动的课程内容往往与基地的特点和资源相关，如家政系列教育、安全系列教育、拓展系列训练、场馆主题系列教育、职业体验类教育等。基地活动通常是在特定的时间段内进行，可能是一天、几天或者更长时间。相比之下，中小学内常规性实践活动往往是在校内集中完成的，时间较为有限。基地活动一般采用灵活多样的教学方式，如讲解、互动、实践、探究、体验等，以满足学生的学习需求；而中小学内的常规性实践活动更多采用教师主导的讲授和指导方式。基地活动往往需要配备专业的教师或者相关领域的导师，以提供针对性的指导和培训；而中小学常规性实践活动则由班主任或者科任教师负责，并不一定需要专业背景。基地建设时会充分论证，由专业团队的规划设计活动，充分利用基地本身的资源，如设备、资料、实验室等，以提供更加真实和丰富的学习环境和条件；而中小学常规性实践活动则会受制于校内资源。总之，综合实践基地在课程类型、课程内容、授课时间、教学方式、教师专业要求以及教学资源等都与普通中小学有很大的区别。

当前，随着研学实践的不断深入，全国范围内的研学实践基地或研学实践营地不断建设发展。部分青少年研学可能只需要半天、一天时间，不需要食宿，因此从研学的角度看，以是否能够提供食宿为基本区分依据，可以将承担研学实践活动的单位划分为两类：一类是研学实践基地，另一类是研学实践营地。

其中，基地是指经有关部门评议认定的，"适合中小学生集体前往开展研究性学习和实践活动的优质资源单位"。营地是指经有关部门评议认定的，"能够接收中小学生集体开展研学实践教育活动，并提供一定规模集中食宿、交通等服务的优质资源单位"。

由此可见，虽然青少年综合实践基地的主要服务对象是中小学生，但是随着综合实践的不断发展，基地多元化发展的趋势也越来越明显。相较于实践研学基地，实践研学营地在基本条件、承载能力和示范水平等方面有着更高的建设标准。这是因为研学营地所提供的学习体验活动多数为户外或体验式活动，需要组织学生住宿、提供餐饮和必要的安全保障。此外，研学营地还需要配备专业教练、指导员和安全员等专业人员，确保学生的安全和活动的有效开展。因此，一些青少年综合实践基地也同时加挂了"中小学生研学（实践）营地"的牌子（详细名录见附录2）。

（三）直管与托管

在《现代汉语词典》中，"托"解释为"把……请人照管、使用或处理"。托管的经济学意义是"受人之托，代人理财"，指受托人受委托人委托，按照预先规定合同，对托管对象进行经营管理的行为[①]，内核是信托与中介，第三方独立托管制度是中国托管行业的制度基础。与经济领域中的托管的内涵不同，青少年综合实践基地的托管化改革的对象是具有教育教学职能的公办基地，目的在于实现公办基地的社会和经济效益最大化。其原因在于随着文教体旅等不断融合发展，青少年综合实践基地的研学旅行和劳动教育职能不断拓展，市场化因素增加，为更好地处理公益性和市场化之间的关系，由教育部门委托第三方市场主体进行代为管理的行为。

因此，直管是由教育部门把该基地定位为"公益性事业单位"，通过纳入基础教育对其进行直接管理；托管是由教育部门把该基地委托给某市场主体，通过明确一定的权利义务关系进行代为管理。

委托关系是青少年综合实践基地实施托管化改革的基础，基地托管的构成要素包括委托方、受托方、托管对象和托管协议。委托方一般指基地所在的教育行政部门，负责对基地进行管理和监督，同时承担监管责任。受托方是指符合相关法律规定并具有一定教育资质的第三方市场主体，接受委托方的委托，并按照委托方的相关要求和标准，对基地进行日常的管理和运营。在托管实践中，受托方以国有企业为主，少部分为民营企业，这也反映了国有企业在托管领域的深厚积累和优势。值得注意的是，在国有企业当中，又

---

① 沈莹.托管的理论与实践［M］.北京：经济科学出版社，2000.

以本地国有企业为主，这是因为本地国有企业对本地市场具有更深入地了解和熟悉，对于托管对象的管理也会更有效率。托管对象主要指各地的青少年综合实践基地，这是实施托管化改革的主要对象。基地托管协议是委托方与受托方依据有关法律法规在确立基地托管关系时签订的书面契约。此协议需要明确托管对象与托管目的、参与各方的权利和义务、托管内容的种类和范围、托管期限和费用等具体事项。这有助于提高委托方与受托方之间的透明度和合作效率，也有助于更好地维护托管机构的合法权益，确保托管工作得以有效地开展。

需要特别指出的是，托管化之后的青少年综合实践基地在教育资源的利用率和培训空间的拓展方面起到了重要作用。托管化使青少年综合实践基地能够更好地整合各种教育资源，包括教育设施、教师团队、教育技术和教学材料等，最大限度地提高资源利用效率，提供更多样化且高质量的教育教学活动。同时托管化还可以拓展培训空间，使青少年综合实践基地培训时长更长，能够容纳更多的学员。不仅中小学生可以受益于基地的教育教学服务，大学生以及已经参加工作的青年人也可以参与基地的课程培训和实践活动。这样的拓展活动不仅能够满足不同年龄段学员的学习需求，也能够促进不同年龄段学员之间的交流和合作。

二、青少年综合实践基地的研究现状

青少年综合实践基地的托管化改革研究属于青少年综合实践基地研究的一部分。当前，由于青少年综合实践基地托管化改革的直接研究成果较少，有必要扩大研究视域，以"青少年综合实践基地"和"托管"为关键词，系统梳理有关文献，从而搞清楚青少年综合实践基地托管化改革的基本情况以及"历史方位"。

（一）国内研究现状

1.关于青少年综合实践基地的研究

1）相关研究成果的可视化分析

（1）综合实践基地研究文献的总体趋势分析。

从图1中可以看出，2012年是综合实践基地研究的分水岭。2012年以前，

关于托管研究的成果较少。2012年之后，关于托管研究开始呈现波浪式上升的发展趋势。最近三年年均研究成果均超过10篇。

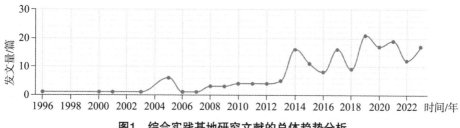

图1　综合实践基地研究文献的总体趋势分析

（2）研究文献的主题分析和学科分布。

关于综合实践基地的研究成果，共有266篇。其中，排在前4名的主题依次是"实践基地""示范性""实践基地建设"和"综合实践"，占全部文献的60.9%，接近2/3（图2）；在学科分布上，排在前4名的依次为"中等教育""教育理论与教育管理""高等教育"和"初等教育"，占全部学科分布研究文献的80.93%。

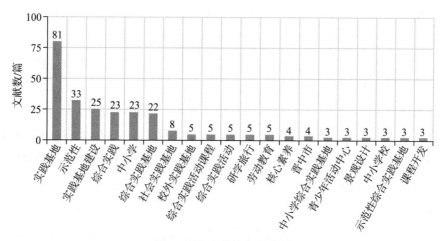

图2　研究文献的主题分析

2）相关研究成果的发展历程

对青少年综合实践基地的研究，以其建设历程为基本依据，可以划分为三个阶段。

（1）萌发研究阶段。

该阶段的时间跨度从1999年至2011年。这一阶段的研究成果主要集中在探讨青少年综合实践基地的理念、功能、管理等基本问题上。

就青少年综合实践基地的运用理念和基本管理问题，于素云从建构主义理论出发，研究了青少年综合实践基地的基本理念及功能。[①]她认为，青少年综合教育实践基地是学校课堂教学的延伸。实践基地在建设过程中，必须考虑学生的实践性，通过在基地的实践探索使他们发现问题、解决问题，从而获得过程性体验，使他们学到认识事物的方法。顾宏伦认为，中小学生社会实践基地的日常管理应该规范化。[②]日常管理关系到基地能否充分发挥应有作用。因此，他建议从抓好教学目标的管理等多角度、多举措出发，通过强化基地的规范化管理，从而确保基地的正常运作，并发挥其应有功能。

就青少年综合实践基地的课程建设，这一时期的学者们也进行了一定探讨，取得了一些研究成果，主要代表性成果是《中学综合实践活动课程开设现状的调查与思考》（贾晓红、李广州、程萍，2003）、《突出地方性，强调综合性——关于广西实施综合实践活动课程的调查与思考》（孙杰远、陈小华，2003）、《广州市中学综合实践活动课程实施现状调查报告》（张倩苇，2006）、《当前综合实践活动课程的现状与问题》（郭元祥、姜平，2006），等。这些文章从不同角度分析了当时青少年综合实践活动的课程实施状况，并对青少年综合实践基地如何开展好课程建设进行了相应探讨。例如，胡小杰、黄秋波认为，中小学素质教育实践基地可以分设不同的区域进行授课，并在不同的区域进行针对性教学。[③]吕新博以淄博市张店区中小学生素质教育实践基地为案例，系统地讨论了实践基地课程开发与实施问题，并将教育实

---

① 于素云. 中小学素质教育实践基地理念探讨［J］. 教育理论与实践，2003（18）：36-38.

② 顾宏伦. 中小学生社会实践基地的建设策略［J］. 中国教育技术装备，2009（17）：80-83.

③ 胡小杰、黄秋波. 中小学素质教育实践基地的功能设计［J］. 教学仪器与实验，2010（12）：52-54.

践基地的课程等同于综合实践活动课程①，是较早的研究青少年综合实践教育基地相关的硕士论文。

（2）探索研究阶段。

2011年6月，财政部与教育部联合颁布了《中央专项彩票公益金支持示范性综合实践基地项目管理办法》，旨在用中央专项彩票公益金资助全国范围内的示范性综合实践基地建设工作。自此，综合实践基地的建设开始规范化，聚焦实践活动的探索与实施领域的研究成果也逐步增加。

关于综合实践基地管理模式的研究，一些学者着力进行了这方面的探讨。他们认为中小学社会实践基地在学校素质教育的实施过程中占有举足轻重的地位，必须走"可持续发展之路"，所以其建设和管理工作的科学、合理和有效，将决定这一总目标的实现。陈孝顺（2014）围绕综合实践基地的管理模式进行了探讨，提出了1+X+Y的发展创新模式。伏科林（2016）着眼于基地的课程评价，通过采取定性定量、过程结果、线下线上、个体集体等评价方法，为综合实践基地构建了一套综合评价体系。田丹丹通过总结梳理中小学社会实践基地建设和发展的历史进程，认为必须以提高基地管理人员的综合素质作为实践基地长足发展的前提和保障。②管理人员不仅要管理场地，管理仪器设备，更要管理师生的饮食以及安全防护等。

关于综合实践基地性质研究，林美玉、邹开煌认为综合实践活动基地是教育行政部门下属的一个教育机构，为普通中小学校学生提供社会实践的公益性服务。它是有计划、成建制地让区域内中小学生分期、分批集中到基地参加社会实践活动，以实践、操作、体验来达到实践育人的目标。③

关于基地的功能定位，傅强认为基地具有纽带、中心和平台的作用。基地延伸学校教育、衔接社会教育、补充家庭教育，是学校与综合实践活动

---

① 吕新博. 实践基地课程开发与实施的研究——以张店区中小学生素质教育实践基地为案例［D］. 济南：山东师范大学，2008.

② 田丹丹. 中小学社会实践基地建设和发展的历史进程［J］. 中国现代教育装备，2012（10）：15-16.

③ 林美玉，邹开煌. 校外综合实践活动基地建设与常态实施探索［J］. 福建教育学院学报，2015（10）：78-79.

之间、学校与社会之间、学校与家庭之间的纽带；基地是综合实践活动课程的研发中心、学生的综合实践活动中心、综合实践教师研训中心；基地是学生能力展示的平台、综合实践活动教师交流的平台，是全社会关心教育的平台。[①]

关于基地课程建设，刘建勇认为要围绕实践基地课程结构中的目标、内容、过程、评价四要素进行课程建设的优化和提升。通过优化，使基地课程向着"延伸学校教育、衔接社会教育、实践素质教育"的方向发展，让学生在活动中感受成功和快乐的同时去思考、去感悟，让学生形成正确的人生观、价值观，让活动指向影响学生的终身能力与发展的方向，真正让学生"动有所乐""乐有所思""思有所悟"。[②]施建东在"让学生经历一次体验，感受一次成功，尝试一次创新"理念的指导下，对于教育实践基地课程提出了一些实践与思考。[③]其主要观点有：在做好前期论证、教师培训和优化资源整合的基础上抓课程开发；在设置年段梯度、注重动静搭配、强化德育渗透的基础上抓课程实施；在完善共管机制、规范管理制度、注重评价反馈的基础上抓课程管理；在梳理课程体系、编写校本教材、吸纳优秀项目的基础上抓课程创新。

关于基地开展活动的机制保障和管理制度研究，林美玉认为要制定实践活动运行的保障机制。由于基地无法独自承担起区域内普通中小学校的所有班级、所有学生的综合实践活动，只能为部分班级的学生集中参加综合实践活动提供服务。因此，建立与中小学生社会实践活动相适应的各项管理制度是基地永恒的主题。[④]

---

① 傅强. 对中小学社会实践基地功能定位的思考［J］. 江苏教育研究，2013（9）：24-25.

② 刘建勇. 从"四偏"到"四重"——浅谈中小学实践基地综合实践活动课程结构的优化［J］. 江苏教育研究，2015（5）：40-42.

③ 施建东. 关于中小学社会实践基地课程建设的实践与思考［J］. 江苏教育研究，2013（11）：37-39.

④ 林美玉. 校外综合实践活动基地建设与常态实施探索［J］. 福建教育学院学报，2015（10）：79-80.

（3）深化研究阶段。

该阶段的时间跨度从2016年至今。2016年，教育部等11部门印发《关于推进中小学生研学旅行的通知》，将研学旅行纳入综合实践基地的教学计划中。2020年，相关文件又要求将劳动教育纳入其中。随着综合实践基地的职能不断拓展，对其研究也不断深化。一些学者（丁杰，2017；江梦欣，2019；肖雅琪，2019；刘亚静，2020；张锐，2021；陈琳，2021；梅彩丽，2021）围绕综合实践基地的课程建设、文化建设、资源建设、效能建设等进行了广泛研究，但研究重点集中于课程建设。其中，对于基地管理模式的研究，有的学者（胡孝武，2018）针对综合实践基地管理问题，着重提出了构建"基地+学校"模式；《中国教育报》于2019年12月14日以"山水之间有座'快乐大本营'"为题，全面深入地报道了滁州市示范性综合实践基地实施托管化管理模式所取得的成效，报道指出，"以政府购买服务方式外聘专业教育团队""花最少的钱办最好的事"。

学者们对综合实践基地性质价值、组织管理、功能定位、课程结构、实施方式和评价探索等维度进行研究，丰富了综合实践活动课程的内容，开辟了综合实践活动校外教育的新领域，为本研究提供了宝贵的经验。

2. 关于托管问题的研究

托管起源于1945年的国际托管制度。1945年10月24日生效的《联合国宪章》第十二章、第十三章对国际托管制度进行了明确规定，本质上成为资本主义国家在战后瓜分利益和确立国际秩序的工具。随着托管理论的发展，创造性的理念和实践经验开始应用于其他领域[①]，不同学科对托管有了不同的释义，并逐渐拓展到经济、教育、文化、宗教等诸多领域。

20世纪90年代初期，托管逐渐成为经济领域中的常见概念并成为政府的特殊经济调控手段。

在中国知网以 "托管"为主题词，检索国内以托管为篇名的相关文献，截至2023年12月30日，共检索到学术性研究文献7 512篇。其中，学术期刊论

---

① 陈印昌. 联合国托管制度研究——以1940年代为中心［D］. 上海：上海师范大学，2008.

文4 040篇，占53.78%；学位论文620篇（其中博士论文13篇），占8.25%；会议文献127篇，占1.69%；报纸文献2 173篇，占2.89%。由此可见，我国关于托管的研究文献以期刊论文为主。

1）相关研究成果的可视化分析

（1）托管研究文献的总体趋势分析。

从图3中可以看出，1996年是托管研究的分水岭。1996年以前，关于托管的研究极少。1996年之后，关于托管的研究开始呈现井喷式发展。2006年达到第一波研究高峰，当年研究成果达到44篇。随后又不断走低，直至2012年，研究成果仅有178篇。2012年以后，关于托管的研究又进入一个"新时代"，相关研究成果不断增多，最近三年年均研究成果均超过400篇。

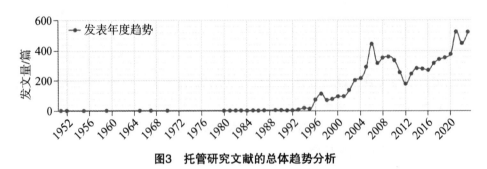

图3　托管研究文献的总体趋势分析

（2）托管研究文献的主要主题分析和学科分布。

关于托管的研究成果，相关主要主题文献有3 114篇。其中，排在前四名的主要主题依次是"托管服务""土地托管""托管业务"和"托管模式"，占全部相关文献的48.59%，接近一半（图4）；在学科分布上，排在前四名的依次为"农业经济""金融""投资"和"证券"，占全部学科分布研究文献的53.54%，刚刚超过半数。

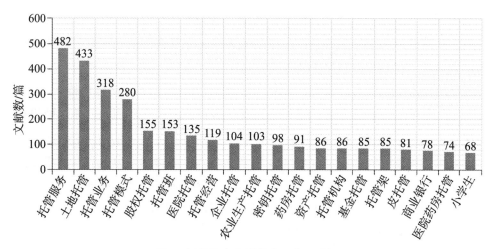

图4 托管研究文献的主要主题分析

在教育领域中，关于"初等教育"的研究文献有358篇，占4.39%；关于"中等教育"的研究文献有195篇，占2.39%；关于"教育理论与教育管理"的研究文献有192篇，占2.36%。三者合计占全部研究文献的9.14%。由此可见，教育托管问题也是当前研究的一个热点问题。其中，关于中小学的托管运营问题、中小学生的课后托管问题研究较多。

2）托管在管理领域中的应用

青少年综合实践基地的托管化改革属于管理学领域的研究范畴。当前，管理学领域的托管主要针对的是医院、国有企业、中小学的管理体制改革问题以及利用托管实现中小学教育资源均等分配等相关领域的研究。例如，在公立医院体制改革的背景下，无锡在公立医院体制改革中实行了医疗服务、资产经营的托管制实践①，南方医院托管了广东燕岭医院，医疗服务的质和量都有了较为明显的提升。②同时，药房托管模式也在医药分离的实践中验证了其规范医药市场的可行性。

近年来，托管理论在管理领域的成功经验被逐渐应用于教育领域，并开

---

① 王建中.公立医院体制改革中的托管制研究［D］.苏州：苏州大学，2004.

② 王华明.医改背景下托管医院管理模式研究——以南方燕岭医院为例［D］.广州：南方医科大学，2012.

始出现形式多样的教育托管模式。其中，运用托管理论开展的学校托管已经成为快速提高部分学校教育质量的重要途径。学校托管指利用具有优势资源的教育托管机构或高校对教学质量薄弱的学校进行托管，从而短时间内提高教学质量的管理模式，其托管主体、托管内容和托管形式呈多样化特点。[①]

近年来，学校托管实践过程中出现了多种创新模式。例如，浙江衢州柯城区"名校托管、一校两区"托管模式[②]，上海市第三方评估的政府购买教育中介机构服务模式[③]，上海市农村义务教育学校"管办评"分立和联动机制模式[④]，"一校N区"托管模式[⑤]，连云港市"名校+弱校"和"品牌输出"模式等。学校托管对快速提高办学质量实现区域教育均衡发展效果显著。

（二）国际研究现状

综合实践教育的源头，可以追溯到美国的营地教育，这种教育形式已经有超过150年的历史。早在1861年，美国华盛顿Gunnery School的校长Frederick William Gunn就带领学生进行了一次徒步旅行，他们走了近70千米的路程，最终抵达长岛海峡，并在那里进行了模拟军事训练。这次活动持续了10天，之后学生们返回学校，这是有记录以来最早的营地活动。实践证明，营地教育不仅锻炼了学生的体能和意志力，还培养了他们的团队合作精神和领导能力。1876年，以青少年身体健康为主题的美国第一家私人营地在宾夕法尼亚州成立。这个营地为孩子们提供了一个远离城市喧嚣、亲近自然的场所，让他们在户外活动中锻炼身体、增强体质。1880年，新罕布什尔州男孩营地成立，训练内容包括体育锻炼和生活技能训练。这个营地旨在通过各种

---

① 程振响."教育托管"推进了教育均衡吗? 学校托管：教育均衡发展的一种现实选择 [J].江苏教育，2011（32）：55-6.

② 朱云福，郭云凤."名校托管、一校两区"：城乡教育均衡发展的助推器——浙江衢州市柯城区促进区域教育均衡发展的探索 [J].中小学管理，2010（12）：30-32.

③ 刘京海.教育中介机构托管农村薄弱学校的实践与思考——以上海成功教育管理咨询中心委托办学为例 [J].上海教育科研，2015（3）：22-25.

④ 黄丹凤.上海市农村义务学校"委托管理"工作的实践与思考 [J].上海教育科研，2012（4）：33-36.

⑤ 徐莉莉."一校N区"的教育托管——求解城乡教育均衡的重要举措 [J].中国教育学刊，2009（2）：35-38.

活动培养学生的独立性、自信心和社会责任感。在1929年，纽约的营地董事协会对"营地"进行了官方定义，将其描述成一种专门为青少年设计的教育方式。这种方式不只着眼于促进青少年的体能和户外技能，而且还涵盖了情感的表达、社会的参与以及审美和鉴赏力的提升。营地通过这些多样化的活动，创造了一个有利于青少年多方面成长的环境，促进了他们在智力和情感上的全面成熟。

第二次世界大战后，越来越多的营地开始在美国建立起来，营地训练也逐渐由生活导向型转为教育导向型，增加了更多包括艺术、手工、音乐、舞蹈、自然科学等类别的内容，许多学校和机构都设有综合实践教育课程或活动，如STEM教育、社区服务、户外探险。此外，还有许多专门的综合实践教育机构，致力于帮助青少年发展各方面的技能和素质，营地教育开始向综合实践教育拓展。如今，综合实践教育基地和综合实践教育的相关组织已遍布全球。综合实践教育在美国、加拿大、俄罗斯、澳大利亚等国家已经成为常规教育体系的重要组成部分。

20世纪90年代以来，美国新课程标准运动获得广泛发展，最佳课堂实践在各学校流行起来。美国知名教育学者史迪文·泽梅尔曼、哈维·丹尼尔斯等通过多年走访调研后，归纳出六种最佳实践课堂结构，即内容统整的教学单元、小组学习活动、表现性学习、课堂工作室、真实体验和发展性评价。[①]美国的教育体系强调实践和体验式学习，其中包括"基于设计的学习""实践设计活动"和"以问题为中心的学习"等教学方法。这些方法旨在激发学生的学习兴趣，同时培养他们的重要技能，如规划、团队合作、信息搜集与处理、解决问题以及实际操作能力。

在美国，营地活动是青少年成长过程中的一个重要组成部分。据统计，80%的美国人在青少年时期至少参加过一次营地活动。这些活动不仅为孩子们提供了一个脱离日常环境的机会，而且培养了他们面对未来挑战所需的各种技能。这些经历不仅为他们提供了宝贵的生活技能，还对他们的职业发展

---

① 胡庆芳，程可拉. 美国新课程标准推动下最佳实践的课堂建构［J］. 比较教育研究，2004（6）：33-36.

产生了积极影响。92%的人认为营地活动有助于他们更好地面对成人世界的挑战。这表明，通过参与营地活动，青少年不仅能够获得乐趣，还能够学习到实际生活中所需的重要技能。于玲君在对美国进行系统考察后认为，美国从基础教育就开始注重培养学生的综合实践能力，并形成了美国特有的"能力本位"教育模式[①]，其根本目的是开发学生的最大潜能，培养学生的能力，这对我国开展综合实践教育具有重要的借鉴意义。

1900年以后，国际营地教育开始在欧洲蓬勃发展，第二次世界大战后又延伸到亚洲等地的一些发达国家和地区。

德国的中小学综合实践教育与职业教育高度融合。德国在经济上所取得成功的原因在于其教育重视与实践相结合，既帮助学生获得了专业知识，又发展了实践能力。[②]

英国的教育体系在设计综合实践课程时，与美国有着相似之处，尤其是在强调社会研究和设计学习这一领域。这些课程鼓励学生通过实际的社会探究和创意设计活动来发展关键技能。

在法国，教育系统推出了"综合学习"课程，这些课程的特点是跨学科的学习方法，强调不同知识领域的结合以及采用多样化的学习方式。这种课程设计旨在促进学生的全面发展，使他们能够在不同的学科之间建立联系，并应用所学知识解决复杂问题。

北欧国家普遍重视中小学实践教育和跨学科学习，注重培养学生的动手能力、创新思维和合作能力等，其实践教育实现了常态化。例如，芬兰、瑞典、丹麦在小学阶段就开设了家政课（烹饪等），在中学阶段普遍开设金工、木工、缝纫、编织、焊接、油漆等课程，学校均建有专门的实践活动室。学校和家长还十分重视学生的户外活动，培养他们的生存能力，经常带学生到森林、湖泊等大自然中（远足），让学生在实践活动中观察、学习，培养观察能力和探究能力等。学校各学科教学都重视体验学习和跨学科知识

[①] 于玲君. 美国能力本位教育的现状、特征与启示［J］. 社会科学论坛，2006（8）：130-133.

[②] 王磊. 德国"实践教育"有待提高［J］. 中国报道，2011（3）：72.

的应用。

俄罗斯是全球拥有综合实践基地最多的国家之一。据数据显示，俄罗斯营地协会拥有超过55 000个营地，为青少年提供营地教育服务的人数在2012年达到600万人，在2013年更是增加到850万人。在俄罗斯，营地教育被视为青少年教育中不可或缺的一部分，政府也制定了严格的营地条例来规范管理。2008"汶川大地震"后，俄罗斯的"小鹰"国家营地接收了184名中国儿童。这些儿童在营地接受了为期三周的康复疗养，这一举措对他们的身心恢复产生了正面影响。除了"小鹰"国家营地外，俄罗斯还有许多其他类型的营地，如军事训练营、科技夏令营、艺术夏令营。这些营地为青少年提供了一个全面发展的平台，帮助他们在实践中学习新知识、培养新技能、增强自信心。此外，俄罗斯政府还非常重视营地教育对青少年身心健康的影响。他们制定了严格的营地条例，确保每个营地都能为青少年提供一个安全、健康、有益的环境。例如，每个营地都必须配备专业的医疗人员和急救设备；每个营地都必须定期进行安全检查；每个营地都必须为青少年提供丰富多样的活动和课程。

日本从政府到民间都特别重视学生参加各种实践活动，尤其重视生存教育和自然教育，从而培养他们的坚强毅力、劳动观念、协作能力、动手能力、创造能力和生存能力。在学校的教学及实习中，学生经常自己动手操作，学校的种植基地由学生自己经营。他们还强调通过"体验学习"为特色的各种道德实践活动，包括生产劳动、吃苦教育、自然体验、传统文体活动、志愿者服务、郊游等①，来发展中小学生的个性，养成良好的道德品质。日本政府出台政策鼓励民间建立自然学校，并将自然教育纳入学校教学大纲中去，当学生去参加活动时还会得到政府相关部门的补助，大大降低了学生负担。据统计，日本的青少年活动场所有近4 000家，每年有3 000多万中小学生参加各类综合实践教育活动。

---

① 刘春生，徐长发.职业教育学［M］.北京：教育科学出版社，2002.

（三）研究述评

1. 国内外研究现状的特点

综合现有文献来看，围绕青少年综合实践基地的一系列研究成果，国内外呈现出不同的研究特点。

从国内研究现状来看，自2001年新课程改革实施以来，学者们在我国综合实践活动研究领域取得了许多令人鼓舞的成果。这些研究成果主要具有两大特点。

一是研究内容丰富多样。综合实践教育的研究呈现出内容上的多样性和深度，学者们不仅在理论层面对其内涵、价值与特征进行了系统的剖析，而且深入探讨了综合实践教育与传统教育模式的显著区别。他们一致认为，综合实践教育对于激发和提升学生的创新能力、团队合作能力以及社会责任感等方面起到了至关重要的作用。这些能力的培育被看作是学生适应未来社会挑战不可或缺的关键素质。学界还把关注的焦点投向了综合实践教育的具体实施问题，包括对课程的目标原则、内容主题的选择和序化、有效的研发策略、创新的课堂模式、师资队伍的建设、科学的评价方法以及管理机制的完善等多个方面。这些研究为综合实践教育的实际操作提供了指导性建议和可操作的方案，确保了教育活动能够高效有序地进行。上述学术研究成果极大地丰富了我国综合实践教育的理论基础和应用实践，对于推动和引领该领域教育改革与发展具有重要的借鉴意义。

二是研究角度多样。学者们在探讨这一领域时运用了宏观与微观相结合的多种研究方法。在宏观层面，他们从管理理论和研究方法的角度出发，着眼于如何构筑一个高效的综合实践教育管理体系和科学研究框架。他们致力于理解和解决涉及教育体制、政策导向及其实施效果等的宽广问题，以期为综合实践教育的长远发展提供战略层面的指导和支撑。在微观层面，他们专注于课堂教学细节、课程建设的具体过程以及指导策略的制定与执行。这些研究涵盖了如何将综合实践教育理念具体落实到教学活动中，如何设计符合学生需要的课程，以及如何通过有效的指导策略激发学生的学习潜力，从而提高教学的整体质量和成效。此外，研究还触及了实践基地的硬件建设和软件环境的优化问题。他们探讨了如何升级和完善实践基地的设施设备，以及如何营造一个有利于学生学习和成长的软件环境。这包括创建积极的学习氛围、建立全面的支持系统以及开发丰富的教育资源等方面，其目的是为学生提供一个更加优质的实践平台，从而促进其全面发展。

从国际研究现状来看，西方发达国家在综合实践教育的实践探索和理论研究方面表现出以下几个特点。

一是研究的历史长。综合实践教育的研究在西方发达国家拥有悠久的历史背景，其起源可追溯至1798年，当时美国的玛利亚·艾吉沃斯（Maria Edgeworth）和理查德·艾吉沃斯（Richard Lovell Edgeworth）共同出版了《实践教育》一书。这本书的问世被广泛认为是实践教育研究的开端，标志着西方对综合实践教育重视的开始。自那时起，西方国家展开了对综合实践教育的深入研究，涌现了许多杰出的学者和教育研究者。他们在各自的领域进行了大量的探索与实践，通过实证研究和理论探讨，不断丰富和完善综合实践教育的理论体系。在这一漫长的研究过程中，他们累积了丰富的研究成果，探索出了综合实践教育的内在规律和有效方法，为世界教育发展做出了显著贡献。西方国家在综合实践教育的目标、内容和方法上提出了许多有见地的观点，强调培养学生的实践能力，并将实践教育作为培育创新人才的重要途径。例如，他们强调学生的主动参与、探究学习和批判性思维的培养，以及跨学科知识的整合和应用。此外，他们还注重实践环境的社会性和学习过程的体验性，鼓励学生在真实的社会环境中通过实践活动获得知识和技能。直到现在，西方发达国家依然非常重视创造一个有利于培养学生实践能力的社会环境。在教育政策制定、课程设计和学校运营等方面，实践教育仍然是一个核心要素。这些国家通常设有专门的机构来监管和支持实践教育的实施，确保教育活动能够紧跟时代的步伐，满足社会发展的需求。这些研究成果不仅指导了当地的教育实践，也对国际教育理念的发展产生了深远的影响。

二是研究范围广泛。西方发达国家在实践教育的研究范围上展现出了令人瞩目的广泛性。这些研究不仅仅局限于实践活动的意义和课程规划，还涵盖了课堂布局、德育实施、实践方法、教育法律法规、学科发展以及资源整合等多元化领域。这种全方位的研究视角确保了实践教育能够在各个环节得到深思熟虑和有效执行。通过对各个领域的深入研究，西方国家构建了一套完整的实践教育理论体系，并基于此形成了丰富的实践经验。无论是在课程设计上的创新思维，还是在教学方法上的灵活应用，西方国家的研究都为实践教育的全面发展提供了坚实的理论支持和实操指南。

三是重视程度高。以美国为例，西方国家非常重视对中小学生进行实践教育。他们认为，实践教育不仅可以培养学生的兴趣爱好和动手操作能力，还能提升学生的生活生存技能，对于提高学生的综合素质具有重要意义，他们高度重视实践教育的实施和推广。因此，这些国家在实践教育方面投入了大量的资源和精力，不仅在基础教育阶段注重实践教育与幼儿教育、高等教育的衔接，还通过制定相关政策和法规，推动实践教育的普及和发展。这种高度的重视使得西方国家的实践教育取得了显著的成效，为其他国家提供了宝贵的经验。

综上所述，部分发达国家在综合实践教育方面的成就，充分体现了其"综合"的特征，对我国在该领域的发展提供了重要的经验。这些国家不仅在研究历史上展现了持久的专注，更在研究范围上呈现了广泛的涉猎，同时在重视程度上表现出了非凡的决心和投入。这三个方面共同构成了部分发达国家在综合实践教育领域取得卓越成就的坚实基础。对于我们来说，结合我国的国情和实际需求，借鉴成功经验不断完善和发展我国的综合实践教育，将对学生的全面成长和社会的长远进步产生积极而深远的影响。

2. 国内外研究现状的不足

通过对国内外关于青少年综合实践基地的研究成果进行深入剖析，我们发现，这些研究为我们的研究课题提供了坚实的理论支撑，不仅为我们提供了研究的思路和方法，还为我们揭示了综合实践教育的重要性和必要性。然而，在审视国内学界对综合实践教育的研究成果时，我们发现在某些方面还存在一些不足之处，如研究深度不够、研究视角较为单一等。因此，我们需要在今后的研究中进一步加强对这些方面的探讨，以期为我国青少年综合实践教育的发展提供更为全面和深入的理论支持。

安徽省滁州市综合实践基地的托管管理模式一经公开，便迅速吸引了公众的目光，并成为青少年综合实践基地管理模式改革的新方向。然而，在当前文化旅游融合日益深入的背景下，这种模式的优势是什么？存在哪些问题？

如何进一步优化其运行机制？对这些问题的研究目前还处于探索阶段。

综合实践与研学旅行的着力点不同，由于基地综合实践的"公益化"定位与研学旅行的"市场化"导向始终存在一些问题，导致当前一些青少年综合实践基地托管化改革"裹足不前"，也导致一些实施托管化改革的青少年综合实践基地在日常管理过程中出现一些亟待监管的问题。例如，部分基地过于追求经济效益，忽视了学生的实践体验和教育价值；部分基地在课程设置和师资培训方面存在不足，影响了教育质量的提升；还有部分基地在安全管理和服务质量方面存在问题，给学生和家长带来了安全隐患。这些问题导致综合实践基地的教育目标和功能定位不准确，实践基地公益性和教育性弱化。

因此，为了加强对青少年综合实践基地的管理，本书将运用实证研究法，通过深入调研当前青少年综合实践基地，特别是全国示范性综合实践基地的托管化改革情况，对青少年综合实践基地的托管化改革进行深入系统的研究。我们希望通过这一研究，能够为政府部门、教育工作者和社会各界提供一个全面、客观、科学的青少年综合实践基地托管化改革的理论框架和实践指导。同时，我们也希望能够激发更多关于青少年综合实践教育的研究兴趣和探讨，为推动中小学生综合实践教育升级换代提供借鉴和基本范式。

三、青少年综合实践基地托管化改革的研究意义

本书力图通过调查研究和实证研究，以全国示范性综合实践基地和山东省各地青少年综合实践基地为研究对象，描述当前青少年综合实践基地改革发展现状，对综合实践基地托管化改革的影响因素进行综合分析，借鉴当前青少年综合实践基地的研究成果，立足山东省青少年综合实践基地建设发展实际，为各地青少年综合实践基地的改革发展提出合理化意见建议，为推动青少年综合实践教育"提档升级"提供新思路，做出新贡献。

（一）研究意义

具体而言，关于青少年综合实践基地托管化改革研究的研究意义主要体现在以下两个方面。

1. 理论意义

提出青少年综合实践基地托管化改革这一命题，通过梳理相关理论认识，能够为各地青少年综合实践基地的改革发展提供思路借鉴。其理论意义具体体现在以下两个方面。

（1）有利于深化认识青少年综合实践基地的托管化模式。

青少年综合实践基地的托管化改革作为最近几年刚刚兴起的"新事物"，需要对其进行科学化论证和合理化审视，从而夯实其理论基础。对各地青少年综合实践基地而言，这一模式的理论基础是什么，现实要求是什么，发展方向是什么，都需要我们在理论层面上进行更深入地挖掘和理解。通过一系列深入系统的研究，帮助有关部门以及各地的青少年综合实践基地的管理服务人员深化对这一模式的思想认识和价值认同，从而进一步坚定在实践中推动青少年综合实践基地改革发展的信心和决心。

（2）有利于明确青少年综合实践基地的改革发展方向。

青少年综合实践基地应运而生，以应对21世纪素质教育的需求。这些基地充当了中小学生研学旅行的枢纽，同时也是加强新时代劳动教育的重要平台。它们的核心目标是培养学生的实践操作能力、创新思维以及对社会的责任意识。青少年综合实践基地的改革发展未来要往何处去，需要从理论上厘清认识、明确定位。通过一系列深入系统的研究，有助于教育行政部门以及各地的青少年综合实践基地的管理服务人员深化对青少年综合实践基地未来发展目标和方向的思考，从而为进一步推动青少年综合实践基地的改革发展贡献新力量，展现新作为。

2. 实践意义

通过开展深入系统的调查研究，立足相关实践探索，为各地青少年综合实践基地的托管化改革提供基本范式。其意义具体体现在以下三个方面。

（1）有利于实现青少年综合实践基地的健康发展。

青少年综合实践基地承担着集中开展各地青少年尤其是中小学生的综合实践、研学旅行、劳动教育。由于其公办属性、独立设置、集中教育，在基础教育中地位重要，性质独特。随着其功能的不断拓展，其健康稳定发展问题日益引起各地相关部门的重视，相关研究也不断增多。推动各地的青少年综合实践基地健康稳定发展既是一个理论问题，也是一个实践问题。通过本项目的研究，能够为青少年综合实践基地的改革发展提供一个基本范式——托管模式及一个基本方案——托管建议。通过深入研究和实践验证，我们期望能够找到一种适合各地实际情况的管理模式，帮助实现青少年综合实践基地健康稳定地发展，更好地服务于学生的全面发展和社会的长远需求。

（2）有利于强化青少年综合实践基地的组织保障。

青少年综合实践基地的健康发展需要基地加强组织领导，加大资金投入，从而强化各方面组织保障。尤其是在资金投入上，青少年综合实践基地应该按照什么标准投入？上级有关部门尽管没有统一要求，但各地正在开展积极探索，并形成了各自的发展特色。在这种情况下，通过本项目的深入研究，总结梳理各地在建设青少年综合实践基地过程中的资金、人员保障，从而能够为其他地市的青少年综合实践基地提供基本参考和现实依据，有利于强化各地青少年综合实践基地的组织保障。

（3）有利于优化青少年综合实践基地的托管化改革。

马克思主义哲学告诉我们，实践出真知。只有在实践探索中，青少年综合实践基地的托管化改革才会更完善，更符合改革的"初心"。通过以青少年综合实践基地的托管化模式为研究对象，系统审视各地青少年综合实践基地的托管化改革，能够进一步总结托管化改革的经验，发现托管中的问题，从而进一步优化托管化改革的路径。

（二）研究方法

下面介绍青少年综合实践基地托管化改革的研究方法。

1. 文献研究法

我们首先通过深入系统地研读已有的研究成果，撰写了详尽的文献综述。这一过程帮助我们厘清了青少年综合实践基地实施托管化管理的研究背景、发展趋势以及当前存在的问题和不足。这些内容为我们的研究提供了坚实的理论基础，确保我们的研究方向与现有的学术发展方向保持一致，并能够在此基础上进行创新。

2. 调查研究法

为了更直接地了解实际情况，我们根据研究需要，精心选取了一些具有代表性的基地开展了走访调查，这些调查帮助我们收集了大量的第一手资料。通过整理和分析有关数据，我们能够更准确地掌握青少年综合实践基地在托管化改革中的实际情况。

3. 系统分析法

在收集到足够的数据后，我们采用了系统分析法来深入理解青少年综合实践基地在托管化改革中的内部运作机制和外部影响因素。通过对比青少年综合实践基地在托管上的特点和差异，我们优化了创新机制，并通过进一步的实践探索，全面理解了基地的内部运作和外部影响，从而为基地的持续发展和优化提供了科学的决策支持。

4. 实证研究法

为了确保我们的研究具有实际应用价值，我们以国家级示范性综合实践基地和山东省各地青少年综合实践基地为研究样本，立足于日照市青少年综合实践基地的建设、发展及改革实际。我们对托管管理过程中发现的问题进行了"把脉问诊"，从而进一步总结梳理了青少年综合实践基地托管化管理的科学性和合理性。

（三）研究过程

青少年综合实践基地托管化改革的研究过程，主要包括以下三个阶段。

1. 梳理现有文献，开展初步研究

本书的研究基础是2022年日照市社科研究项目"日照市大中小学思政课实践教学一体化机制研究"（课题编号：2022-169）。通过前期研究，2023年5月开始围绕青少年综合实践基地的运营管理情况进行了全面系统的文献梳理，基本搞清了当前青少年综合实践基地开展相关研究的基本情况，为本项目的后续研究奠定了理论基础。

2. 拟定访谈提纲，进行走访调研

2023年8月下旬至9月上旬，针对青少年综合实践基地的托管化改革情况进行了初步调研，并拟定了调研访谈提纲。围绕调研访谈提纲，项目组成员在前期调研日照市青少年综合实践基地、日照市五莲县青少年学生校外活动中心、日照市莒县校外实践活动管理服务中心、日照市1971研学营地等日照市各家青少年综合实践基地的基础上，又先后走访调研了临沂市青少年示范性综合实践基地、威海市环翠区中小学生综合实践基地、乳山市中小学综合实践教育基地等山东省范围内的几家有代表性的青少年综合实践基地。通过系统性的走访调研，基本摸清了当前青少年综合实践基地运营管理情况以及托管化改革发展情况。

根据前期调研情况，我们先后撰写了两篇资政报告，即《关于把"综合实践基地"提档升级为"劳动教育实践综合体"的对策建议》和《关于推进日照市中小学"综合实践基地"提档升级为"劳动教育实践综合体"的对策建议》，并分别提交给有关部门。

在两篇资政报告的基础上，项目组成员又进行了相关理论化总结和凝练，撰写了论文《文教体旅融合视域下青少年综合实践教育基地托管化改革研究》，并发表在《教育教学论坛》上。

3. 走访调查对象，进行深入调查

本书的调查对象是全国150家示范性综合实践基地。2023年11月下旬至12月上旬，为进一步了解全国范围的青少年综合实践基地托管化改革发展情况，项目组成员依据教育部官方网站相关公开信息，系统整理了2011～2014年共计4年间中央专项彩票公益金支持建设的150家示范性综合实践基地名单。然后依据有关信息，一一对以上基地的负责同志进行了当面访谈交流或电话沟通，基本了解了当前国家级示范性综合实践基地托管化改革的基本情况、对托管化改革的基本态度以及围绕托管化改革进行了有关探索和尝试。

鉴于本项目的政策特殊性和调查对象的针对性，在开展调查研究的过程中，没有进行问卷调查，而是以调查提纲的访谈为主。

（四）研究重点、难点及创新之处

1. 研究重点、难点

在文教体旅融合发展的背景下，针对青少年综合实践基地功能不断拓展化、管理日趋综合化的形势下，摸清青少年综合实践基地托管化改革在全国范围内的基本情况是本项目的研究重点，搞清青少年综合实践基地托管化改革的"堵点"是本课题的难点。

2. 研究创新及不足

本项目的主要创新点有以下两个。

一是理论创新。主要包括观点创新和内容创新。通过调查了解，摸清青少年综合实践基地托管化改革在全国范围内的基本情况，厘清托管化改革的理论基础和现实要求，从而能够有效破除各地青少年综合实践基地托管化改革的"难点"和"堵点"。

二是实践创新。研究成果主要为各地教育行政部门对青少年综合实践基地进行改革创新提供思路借鉴，并致力于优化青少年综合实践基地的托管化模式。

当然，由于项目组成员时间有限、调查走访的基地数量有限等诸多主客观条件的制约，本项目在实地调查中可能出现样本不足的问题。与此同时，调研报告撰写过程中，可资借鉴的材料不足，加之课题组成员的理论功底有待提升，可能导致对当前青少年综合实践基地托管化改革的分析深度不够、建议针对性不强等问题。

上 篇

改革基础篇

第一章

青少年综合实践基地的建设背景

　　青少年综合实践基地是我国适应当今世界教育的发展趋势、深化基础教育综合改革的产物，并随着我国经济社会的快速发展和教育改革的不断深入而逐渐发展完善。20世纪90年代以前，我国中小学实践教育的内容主要是学工、学农、学军等，相应的实践活动场所分别是工厂、农村和部队等，没有专门的成建制的综合型实践教育活动场所即实践教育基地。当时，实践教育的课程化程度也不高，并且缺乏专业师资。20世纪90年代初，在深圳诞生了我国第一个成建制的综合型学生实践活动基地，并在20世纪90年代中后期逐渐推广。2001年，基础教育"新课改"设置了"综合实践活动"，并将其作为必修课。随后，全国范围内的青少年综合实践基地迎来了快速的发展期。在"十二五"规划期间，教育部和财政部动用中央彩票公益金支持了150家示范性综合实践基地的建设。同时，发布了《示范性综合实践基地实践活动指南（试行）》等相关文件，这标志着中国青少年综合实践基地的构建和管理迈入了一个新阶段。

第一节　当今世界教育的发展趋势

　　20世纪科学技术的迅速发展带来了生产和社会的巨大变革，也不断改变着世界的面貌。特别是20世纪下半叶以来，信息技术的成熟与推广，计算机技术的普遍应用，使世界经济由工业经济向知识经济转型，知识成为经济的基础，其作用越来越重要。与此同时，互联网技术的惊人发展更将人类带进了信息文明时代和"全球化"时代：一方面，国与国之间的联系不断加强，政治、经济、贸易等相互依存，全球意识逐渐崛起；另一方面，国际竞争即国家之间的综合国力的竞争日趋激烈，世界各国都在探索适合本国的发展战略，从而在激烈的国际竞争中能够立于不败之地。

　　教育是人类文明进步的重要标志，也是社会经济发展的动力和源泉，它在国家综合实力的形成中处于重要的基础地位。在生产技术快速演进的当下，社会的进步和国家的繁荣越来越取决于劳动者的综合素质，取决于各类人才培养的质量和数量，教育的重要性不言而喻。对于个人而言，教育也关涉到一个人能否更好地发挥自己的潜力，能否学到在社会中生存的本领，能否享受到现代社会发展的文明成果，能否提高自己的生活质量，能否享有个人应有的权利与尊严，以及能否掌握自己的命运、实现自己的人生价值，等等。所以，20世纪70年代以来，面对世界范围内兴起的新技术革命的挑战和全球性的经济、军事、政治竞争，世界各国、各地区都把目光投向教育，将教育作为基本的、普遍的课题，把教育改革特别是基础教育课程改革作为促进本国、本地区发展的重要战略，试图通过改革基础教育、调整人才培养目标、改变人才培养方式等途径推进教育的现代化，提高人才培养质量，以期提升本国、本地区的国际竞争力。一些国际教育组织也肩负起促进人类可持续发展的重要使命，在全球范围进行实地考察和深入研究，力图准确预测世界教育发展走向，探索通过教育变革应对时代挑战的策略和途径，从而为各国政府的教育决策提供参考。

　　1972年，联合国教科文组织下属的国际教育发展委员会对包括美国、阿尔及利亚、新加坡、瑞典在内的23个国家进行了广泛调研。同时，该委员会还研究了联合国系统内的相关组织。经过深入研究，他们发布了一份名为《学会生存：教育世界的今天和明天》的报告，也被称为"富尔报告"。该报告深刻探讨了科技革命和现代化生产给人类带来的影响。一方面，科技知识的迅速增长和生产结构的巨大变动使得劳动力市场经常变化，这使得每个人都需要通过持续学习来应对生活的挑战；另一方面，科技的发展导致生产效率的提高和生活方式的变化，这导致生态环境受到严重破坏，能源几乎枯竭，贫富差距扩大，社会分化加剧，以及人口增长超过经济增长等问题。面对上述挑战，"学会生存"成为每个人需要关注的问题，为此，该报告建议通过教育革新，即通过实行"终身教育"、建设"学习化社会"，使每个人都有机会构建一个不断演进的知识体系，即持续获得生存的技能，掌握自己的命运，同时通过学习使自己的人格日臻完善、个性获得充分发展。针对学校教育中普遍存在学科分隔（学院模式）问题，该报告指出："这种学院模式已经过时和陈旧了。"[1]"把教育中智力的、体力的、美感的、道德的和社会的组成部分加以分隔，这是人类互相疏远、轻视和支离破碎的一种迹象。"[2]关于教育内容和教育方式脱离学生、脱离实际的问题，该报告指出："教育内容与学生生活经验之间的脱节，如教学内容与学生实际生活之间的分离，所提倡的价值观与社会实际追求的目标之间的不一致，以及课程内容过时与科学技术快速进步之间的落差，这些因素从根本上影响了教育的有效性。使教育与生活结合起来，把教育与具体目标联系起来，建立社会与经济的密切关系，发明或再发现一种适合于它的环境的教育体系——这肯定是求得解决的办法。"[3]以上论述表明，教育回归生活，注重学科融合，加强实践教育，已成为当代世界教育改革的重要方向。

1996年，国际21世纪教育委员会向联合国教科文组织提交了报告《教育：财富蕴藏其中》（又称"德洛尔报告"），该报告基于科学技术迅速发展带来的社会巨大变革和人类因此面临的种种挑战的大背景，着眼于人和社会的持续发展，秉持"教育在人和社会的持续发展中起着重要作用"的信念，以发展"终身教育"为出发点，从理论和实践的结合上提出了教育应对未来挑战的对策和建议。[4]如何让学生通过有效的终身学习以适应不断变化的世

---

① 联合国教科文组织国际教育发展委员会. 学会生存：教育世界的今天和明天［M］. 华东师范大学比较教育研究所，译. 北京：教育科学出版社，1996.

② 联合国教科文组织国际教育发展委员会. 学会生存：教育世界的今天和明天［M］. 华东师范大学比较教育研究所，译. 北京：教育科学出版社，1996.

③ 联合国教科文组织国际教育发展委员会. 学会生存：教育世界的今天和明天［M］. 华东师范大学比较教育研究所，译. 北京：教育科学出版社，1996.

④ 联合国教科文组织. 教育：财富蕴含其中［M］. 联合国教科文组织总部中文科，译. 北京：教育科学出版社，2014.

界，该报告认为，要帮助学生掌握四种本领，即"四大支柱"：学会认知、学会做事、学会共处和学会生存，就是要学会适应环境以求生存，改造环境以求发展。为此，教育的目标在于全面促进个体发展，这不仅包括身体健康和智力提升，还包括情感敏感度、审美鉴赏力、个人责任感以及精神价值观的培养。这样的教育能够塑造学生独立自主的思考方式，激发批判性思维，锻炼他们的决策能力，使他们能够在人生的不同阶段为自己的行为作出明智的选择。关于终身学习的途径与方式，该报告特别指出了传统学校教育的局限性，即学校教育只有利于（或仅关注）"学会认知"，在培养学生"学会做事""学会共处"和"学会生存"方面明显不足，强调学校教育要与非正规的校外活动（如社区活动、游戏、旅行、科学实验、职业体验等）相结合。总之，"终身教育"就是要利用社会提供的一切资源和机会进行教育。

上述两个教育报告深刻影响了20世纪末和21世纪世界教育的发展走向。20世纪末，世界各国纷纷根据这两个报告的分析与建议，深刻反省本国教育存在的突出问题，面向未来研究制定本国教育改革发展的新目标和新战略。21世纪初的世界教育呈现以下发展趋势。

一、强化政府主体地位，不断促进教育公平

教育公平性一直是全球各国和国际机构关注的核心议题，"公平"这一词汇在过去十多年中频繁出现。研究联合国教科文组织（UNESCO）和经济合作与发展组织（OECD）在1996年至2010年间的相关文件显示，教育公平的概念随着时间而演变。在20世纪90年代，教育公平主要关注提供平等的机会以及性别平等，着重于确保不同性别的人都有权获得教育，并享有相同的教育机会。进入21世纪后，教育公平与教育质量的讨论开始并行，其重心从机会均等转移到结果均等上。教育质量不仅涵盖受教育的权利和教育公平性，还包括教育的适宜性，而提升教育质量则需依靠推进教育公平来实现。2007年，经济合作发展组织提出教育公平有两个维度：一是公正，即个人与社会背景不应该成为教育潜能发展的障碍；二是全纳，即要确保全民教育的最低基本标准，两者相互联系、相互影响。到了2009年，OECD进一步将教育公平与教育效率和社会责任联系起来。政府有责任确保教育公平，通过合理分配

教育资源来实现；学校也有责任促进社会公平，努力减少社会差距。

国家和省级政府承担着推动教育公平的关键职责。义务教育通常通过法律来确保实施。不同国家的教育法根据各自的法制传统和体系有所不同，但其核心通常是围绕权力的分配和权利的保护。权力分配主要涉及教育行政机构或管理机构的建立、结构、权限、议事规则和程序等方面，而权利保护则着眼于确认和保障学生（或其家长）和教师在教育活动中的合法权益。通常情况下，基础教育，尤其是义务教育，是国家权力干预的焦点。因此，促进和保障教育公平成为政府的重要职责之一。

在2008年全球金融风暴的影响下，多个国家的政府采取了多项政策，以确保所有学龄儿童都能接受公平且质量一致的基础教育。这些政策特别强调了对经济困难家庭孩子的支持，如增加对这些学生的财政援助，确保他们能够继续接受教育。美国在《2009年美国复苏与再投资法》中规定了教育投资，将170亿美元专款用于弥补当前"佩尔助学金"的缺口，此项拨款使700万中低收入家庭子女受益。英国政府在《新机遇：迎接未来的公平机会》这一文件中明确提出，要为所有人铺平从教育向工作过渡的道路：为义务教育毕业生提供保证，特别要使没有高等教育家庭背景的青年能够得到更多援助和鼓励。[①]韩国的《教育福利促进计划》提出，要增加中学生教育费用补贴，扩大中学免费教育范围，免除贫困中学生的学校管理附加费，免除所有中学生的学校管理附加费，为家庭困难的高中生提供学费补贴，免除贫困高中生的学费，通过多项措施保证学生入学。[②]

2009年，新加坡政府推出了"财政支持计划"，该计划增加了730万新加坡元的投入，使得整体预算比原来增加了68%，达到了每年1 800万新加坡元。这一举措旨在通过多种措施确保学生能够顺利入学。例如，政府为中小学生提供了免费的教科书和校服，同时，对于低收入家庭中即将进入大学学习的学生，资助额度提高了50%。此外，政府还增加了"教育储蓄账户"的

---

① 刘熙. 全球经济危机背景下英国教育策略研究——英国政府白皮书《新机遇：迎接未来的公平机会述评》[J]. 世界教育信息，2009（4）：44-47.

② 周红霞，唐科莉，李震英. 金融危机背景下各国教育的一致应对 [J]. 基础教育参考，2009（8）：40-43.

资金上限，并为所有来自贫困家庭的大学生、理工学院的学生以及工艺教育学院的学生推出了新的"短期学习支持计划"。该计划还包括将学费贷款和学习贷款的还款期限延长一年，并免除了未偿还贷款的利息。

另外，各国还采取一些其他措施来促进教育公平。例如，均衡发展义务教育。我国通过加大对农村和贫困地区的教育投入，提高这些地区的教育水平，缩小城乡、区域之间的教育差距。同时，实施九年义务教育免费政策，确保所有适龄儿童都能接受基础教育。近年来，我国大力推广县管校聘，教师轮岗制度，该制度的主要内容是：由县级教育行政部门统一管理和调配教师资源，教师在一定期限内（通常是几年）在不同的学校之间轮换工作。这种制度的目的是实现教师资源的均衡分配，避免优秀教师过度集中在一些优质学校，而其他学校则缺乏优秀教师的情况。同时，通过轮岗，教师可以接触到不同的教学环境和学生群体，有助于提升他们的教学能力和适应能力。为了推动教育公平，英国政府正在激励资深教师前往那些面临挑战的学校任教。这一政策得到了专门的资金支持，使得符合要求的学校在招募新教师时能够获得多种优惠政策。这其中包括一项激励措施，即教师在同一计划下学校连续工作三年后，可获得高达一万英镑的奖金，这种奖金被形象地称为"黄金手铐"。韩国政府对150所农村和渔村的公立高中进行重点资助，重点支持农村K-2学校（学前和小学一、二年级）的建设，帮助解决偏远地区通信困难，确保教育网络安全等以进一步缩小城乡教育差距，促进教育公平。[①]

二、应对全球人才竞争，加快教育国际步伐

在知识经济时代，各国政府都意识到了人才国际流动的必要性与重要性。这种流动性不仅对个人的职业发展至关重要，而且有助于培养对多元文化的尊重，促进不同文化之间的和谐相处，鼓励语言的多样性发展。这些因素共同推动了教育机构之间的合作与竞争。学生、教师和研究人员的国际流动对于提升教学质量和科研水平发挥着关键作用，同时也推动了教育在学术

---

① 李震英. 面对经济危机 韩国高调推出"教育福利促进计划"［J］. 基础教育参考，2009（6）：44-46.

交流和文化层面的国际化。然而,随着学者们在全球范围内的流动,学历认证和质量评估成了人们极为关注的问题。因此,欧盟于2000年启动了"博洛尼亚进程",设立了六条核心原则,即增强学历文凭资格的相互认可度和可比性;建立一个包括欧洲学分累计转移(ECTS)的认证体系;开发有利于学生、教师和研究人员(欧洲内)流动的制度;提高欧洲教育质量保障方面的合作水平;强调教育在课程开发和校际合作方面的欧洲特色。其主要目标就是推进欧洲教育一体化,进而促进教育国际化进程。[①]

2009年,"博洛尼亚进程"十年计划终于完成。同年12月,欧盟委托一些研究机构在布鲁塞尔组织了一个研讨会,对"博洛尼亚进程"过去十年的实施情况进行了独立的第三方评估。2010年3月,欧洲47个国家的教育部长在布达佩斯举行了会议,对"博洛尼亚进程"的十年成果进行了总结和评价,并对取得的成就给予了积极的认可。会议通过了《布达佩斯—维也纳宣言》,正式建立了"欧洲教育区"(EHEA),并认为进一步发展"欧洲高教区"将有助于重塑欧洲的教育体系,同时也能够促进非欧洲国家与欧洲国家的有效合作。随着"博洛尼亚进程"进入第二阶段,即2010年至2020年,其优先发展领域包括推进教育的社会公平;实施终身学习策略;提升毕业生的就业能力;采用以学生为本的教学方式;促进教育、科研和创新的结合;加强教育的国际化;增加学生的流动性;改善数据收集和分析工作;开发用于评估的多维度透明工具;增加财政投入。

从欧洲教育区(EHEA)的建立宗旨来看,欧盟旨在与美国形成竞争关系,但其成员国在经济社会和文化背景方面存在差异,导致进展不一。欧盟不仅注重学历的互认和人才的流动,还致力于在政府治理、资金分配、教学质量等方面实现重大改革。

新加坡的主要措施体现在两方面。一是"请进来"。通过制度性措施和高福利,全球招聘世界顶尖管理与教研人才,让世界最优秀的人才来新加坡从事管理、研究、教学工作,创造优越的教学和研究环境。新加坡的教学科研

---

① 中国驻欧盟使团教育文化处. 欧盟教育发展政策走向及其对我国的启示 [J]. 世界教育信息,2009(2):18-20.

人员40%以上为外籍人士，绝大多数具有留学背景。^①二是"走出去"。教育"走出去"战略涉及提升国际教育合作水平，包括在海外建立分校和代表机构以及扩大国际交流的规模，从而培育学生的全球视野。例如，新加坡的一个教育目标是让至少100所中小学与中国学校建立伙伴关系，以促进他们在文化、语言和专业技能方面的成长。国际学生对于推动教育国际化也起到了关键作用，他们不仅增加了校园的学术和文化多样性，还为大学的研究和收入做出了贡献。

我国在基础教育方面，鼓励中小学校跳出地域限制，从国际化的视角出发，重新思考和定位学校的发展，调整教育模式和方法以及教学课程设计。这样做有助于使我国的教育更加适应国际化的人才竞争环境。注重教师队伍的国际化培养，提升教师的国际化教学能力和水平，以便更好地贯彻国际化教育理念。积极引入国际优质教育资源，包括与国外学校的合作交流，以及引进国际课程和教学方法，以此丰富学生的学习体验，并提高教育的开放性发展。通过各种国际化教育项目，培养学生的国际视野和跨文化交流能力，使其能够更好地适应全球化的发展趋势。总之，我国基础教育在国际化方面的发展正逐步加快，旨在通过一系列措施提升学生的国际竞争力，为他们取得成功打下坚实的基础。

三、加强校企合作育人，培养核心职业能力

世界各国在加强校企合作育人、培养核心职业能力方面采取了多种有效做法。如此重视校企合作，目的就是使得教育和社会的深度融合，推动教育模式的创新。例如，学校可以借鉴企业的项目管理、团队合作等模式，培养学生的创新能力和实践能力。同时校企合作为学生提供了更多的实践机会，使学生可以在真实的工作环境中学习和锻炼，这有助于提高学生的实践能力和职业素养。

英国的校企合作模式是一种深入的、结构化的教育策略，旨在为学生提供一种将学术理论与实际工作经验相结合的学习路径。这种模式特别强调核

---

① 赵亮.新加坡高等教育国际化政策述略［J］.中国科教创新导刊，2007（475）：18.

心技能的发展。核心技能是指对于所有行业和职业生涯阶段都至关重要的通用能力，如沟通、团队合作、问题解决和自我管理等能力。国家职业资格标准制度是英国职业教育体系的重要组成部分，它为不同的职业水平定义了明确的能力和技能标准。这些标准指导着课程设计，确保教学内容与行业需求紧密相关，并且对学生的实际工作能力进行评估。而"三明治"教育模式，通常指的是一种为期四年的本科教育方案，学生分时进行学术学习和工作实习。这通常涉及学生在大学学习两年，然后在企业中实习一年，最后再回到大学完成最后一年学习的循环过程。这个过程不仅为学生提供了将所学知识应用于实际工作环境的机会，同时也使他们能够在回归学术环境时拥有更清晰的学习目标和动力。此外，英国的许多大学也与企业合作开展"以工作为基础的学习"项目，这些项目允许学生在企业内部进行研究和项目开发的同时继续学习。这种方式不仅促进了他们实践技能的提高，还鼓励了创新思维和研究能力的发展。

德国的双元制教育体系是其职业教育和培训的核心特色，被认为是世界上最成功的职业教育模式之一。这一体系的独到之处在于它将理论教育与实践培训有机结合，使学生能够在真实的工作环境中学习并提升技能。在双元制教育体系中，学生会在职业学校和参与该教育模式的企业之间进行分时学习和实习。通常，学生会在中学阶段末期选择一项专业方向，随后开始他们在双元制系统中的学习旅程。企业直接参与到人才培养的每一个环节，从课程设计、实施到评估，企业都扮演着关键角色。学生在企业中的实习不是简单的观察或辅助工作，而是实际从事与所学专业相关的工作，由企业的专家进行指导和监督。在实习期间，学生不仅能够获得与市场需求紧密匹配的技能和知识，还能够学习到工作纪律、团队合作以及职业责任感等重要的职业素养。与此同时，学生还会在职业学校接受系统的理论知识教育。这些课程旨在提供必要的理论基础，并对学生的专业技能进行补充和拓展。职业学校的教师通常是具有丰富实践经验的专业人士，他们能够帮助学生将学术理论与工作中遇到的实际问题联系起来。这种紧密结合的教育与培训方式确保了学生在完成双元制教育后即拥有高度专业化的技能，同时也使他们具备了继续发展的基础。因此，德国的双元制教育体系不仅为德国自身的经济发展贡献了大量高质量的劳动力，也成了世界其他国家效仿的对象。

澳大利亚的职业教育和培训系统被广泛认为是世界上较为先进的体系之一，它以行业为主导，以满足国家经济和社会发展需求为目标。该系统的核心特点在于其与行业紧密合作，确保了教育内容及时更新，反映了最新的行业需求和技术进步。在澳大利亚，职业教育课程和培训包是经过严格认证的，这意味着它们必须符合由行业专家设定的国家标准。这些培训包包含了详细的课程内容、评估标准以及所需的技能和知识点，以确保学生在完成课程后能够达到行业内要求的能力水平。企业在这一过程中扮演着关键角色，它们直接参与到课程设计和评估中。企业代表常常作为课程顾问委员会的成员，提供行业意见，确保教学内容不仅与当前行业标准一致，而且能够预见到未来变化和趋势。这样的互动保证了教学过程与实际工作实践之间紧密结合，提高了毕业生的就业率和工作能力。此外，澳大利亚的职业教育系统还强调灵活性和个性化的学习路径，学生可以根据自己的兴趣和职业规划选择不同的课程模块。同时，许多课程都提供了线上和线下相结合的混合学习方式，增加了学习的可访问性和便利性。总而言之，澳大利亚的职业教育和培训系统是一个高度发达、与行业紧密结合的体系，它通过灵活的课程设置、企业的积极参与以及强大的政府支持，确保了学生所获得的技能和知识能够满足快速变化的工作环境和市场需求。

美国的社区学院系统在其高等教育体系中扮演着至关重要的角色，特别是在提供与当地企业紧密合作的技术和管理课程方面。社区学院通常位于社区的中心位置，它们与周边企业和行业实体保持着密切的联系，这种地理和社交的近距离使得合作教育成为可能。这些学院提供的技术和管理课程往往反映了其所在区域企业的特定需求，这意味着学生在学习过程中能够接触到最新的行业知识和技术。其课程设计通常是灵活的，以适应不断变化的商业环境和技术进步，同时为学生提供实用的技能和知识，以便毕业后能够迅速进入劳动市场。此外，一些企业还会捐赠最新的设备给学校或提供技术支持，帮助学校更新实验室和教室设施。这不仅提高了教育机构的教学质量，而且让学生能够使用行业内的标准工具和设备，从而增强了他们的竞争力。美国的社区学院系统与当地企业的紧密合作，这些项目不仅提供了实践研究的机会给学生，同时也让企业能够接触到高校的研究资源和人才库。

英国的注重软技能的培养，德国的理论与实践的深度融合，澳大利亚的学习路径个性化以及美国的合作教育，都是各自教育系统中实现学生综合实践能力、职业素养提升的方式。这些模式反映了当今世界教育趋势中对于实用性、综合性和适应性的重视，为全球教育改革提供了有益的借鉴和启示。

第二节　我国基础教育不断深化

中华人民共和国成立以来，特别是党的十八大以来，我国教育事业取得了举世瞩目的巨大成就。但是，面对科学技术迅猛发展、知识经济加速到来和国际激烈竞争带来的严峻挑战，面对21世纪我国现代化建设的宏伟目标和艰巨任务，我国基础教育存在的问题和弊端也十分明显。

一、我国基础教育取得的主要成就

党的十八大报告指出，"教育是民族振兴和社会进步的基石"，提出 "努力办好人民满意的教育"。基础教育在国民教育体系中处于基础性、先导性地位，必须把握好定位，全面贯彻落实党的教育方针，从多方面采取措施，努力把我国基础教育越办越好。党的十八大以来，我国基础教育在优质与公平发展方面取得了重要成就。

（一）教育优先发展理念进一步明确和具体化

教育优先发展体现的是国家对教育战略地位的充分重视。1982年，邓小平同志在论述20年内中国发展战略的重点时，强调"搞好教育和科学工作，我看这是关键。没有人才不行，没有知识不行"。其后，教育优先发展理念逐步确立。党的十九大报告指出，建设教育强国是中华民族伟大复兴的基础工程，必须把教育事业放在优先位置。2017年政府工作报告提出要"办好公平优质教育"，教育优先发展的内涵进一步具体化。

（二）基础教育内涵式质量提升稳步推进

一是学前教育的管理架构日益完善，教育品质显著提高。自党的十八大以来，普惠性学前教育资源快速增长，政府政策逐步将公立幼儿园纳入公共幼儿园体系，相应的管理体系、资金投入体系和教师团队构建等体制机制及政策框架已逐步形成。二是义务教育培养质量得到持续改善。2012～2021年，财政性义务教育经费从1.17万亿元增加到2.29万亿元，占国家财政性教育经费投入的比例始终保持在50%以上。[①]三是高中教育顺利达到普及化目标，并在提升育人模式及质量方面持续进步。随着新课程和新课标的引入，高中的教学策略不断改进，学生评价方法越来越多样化和个性化，减少了应试教育的不良影响，同时，高中生的综合能力也在不断增强。

（三）基础教育公平发展理念得到深入贯彻

一是追求教育公平是我国教育发展战略的基本理念之一。教育公平是社会公平的重要基础，要不断促进教育发展成果更多、更公平地惠及全体人民，以教育公平促进社会公平正义。自党的十八大以来，国家将教育公平视为根本的教育方针，致力于减少不同地区、城乡、学校和社会群体之间的教育差异。在县域层面，教育均衡发展已基本达成。根据2021年的国家义务教育质量监测复审结果，全国约2 000个县的义务教育在整体上满足了国家规定的基本均衡标准，即小学和初中的学校间综合差异系数分别不超过0.65和0.55。二是精准资助保障了贫困家庭子女的受教育权。据统计，党的十八大以来，全国累计资助学生近13亿人次，年资助人次从2012年的近1.2亿人次，增加到2021年的1.5亿人次。2021年资助金额达2 600多亿元。三是东、中、西部教育发展差距进一步缩小。四是向农村教育倾斜，城乡教育逐步实现均衡发展。五是教育信息化不断扩大优质教育资源覆盖面，有力地促进了教育公平。

二、我国基础教育存在的主要问题

1992年8月，孙晓云就中日儿童在夏令营活动中的对比，撰写了《夏令营中的较量》一文。该文经《读者》转载和《中国教育报》重磅推出后，立即在全国范围特别是在教育界引起强烈反响，人们纷纷撰文或召开座谈会，深

---

① 焦以璇.我国义务教育质量迈入世界先进行列——党的十八大以来义务教育改革发展纪实［N］.中国教育报，2022-06-24（5）.

刻反思中国教育存在的问题，积极寻找解决问题的对策，由此开启了一场持续多年的关于中国教育问题的大反思、大讨论。当前我国基础教育在不断深化发展的过程中，还存在一些突出问题，值得我们深入思考。

（一）教学内容偏重理论

陶行知的生活教育理论认为"生活即教育"，生活具有教育的意义，教育的内容源于生活，教育的目的是改造生活，所以教育不能脱离生活；"社会即学校"，社会为学校提供教育的内容、材料和环境，学校教育为促进社会的进步和发展服务，因此，学校教育不能脱离社会。但是，20世纪八九十年代，受应试教育的影响，我国基础教育内容脱离学生的生活和经验，脱离社会实际的现象较为突出。

首先，德育课程脱离生活和社会实际。我国学校德育课程长期存在的一个突出问题就是德育目标"高、大、全"，注重政治性目标和功利性目标，忽视学生个人日常生活和未来职业生涯的道德目标要求，脱离生活，脱离时代；德育内容抽象、空洞且缺乏相对稳定性，注重"宏大叙事"或"绝对真理"的灌输，较少涉及学生生活和真实社会情境中人与自然、人与他人和社会、人与自我关系的内容；德育体系封闭僵化，缺乏开放性和层次性，忽视不同年龄段学生在不同道德发展层次上的不同需要。

其次，学科课程脱离生活和实践。学科课程特别是数学、物理、化学、生物等科学课程，往往只是让学生学习纯粹抽象的概念、定理、原理、公式等，剥离了与这些知识密切相关的真实情境，忽视了综合运用不同学科知识解决实际问题能力的培养。

再次，课程结构单一，缺乏适应本地经济、社会发展需要，能充分挖掘利用本地文化资源、自然资源或产业资源的地方课程或校本特色活动课程，如民族文化课程、地域文化课程、自然教育课程等。

（二）实践育人相对不足

陶行知生活教育理论的"教学法"主张"教学做合一"："要在做上教，在做上学""教的方法根据学的方法，学的方法要根据做的方法"，强调让学生在亲自"做"的过程中获得真知和能力。长期以来，我国教育方针"促进学生德、智、体、美、劳全面发展"的目标并没有在学校得到全面而有效的贯彻落实。由于多种原因，基础教育实际上只注重"智育"目标，甚至将智育目标窄化为"应试目标"，将"课本知识"窄化为考试科目，一切为考试（分数）而教，一切为考试（分数）而学，"德""体""美""劳"目标被置于从属地位，忽视了与实践体验密切相关的情感目标和能力目标。这种教育目标追求直接导致教师"灌输式"的教学方式和学生被动接受——死记硬背、机械训练的学习方式。学生的主体性即自主性、能动性等本质特性被忽略；学生很少有机会参与社会生活和社会实践，很少有参观、考察、观察、访谈、操作、探究等体验学习的机会，即便有一点实践活动，也只局限在课内或校内，"学生的动手实践只是作为理论知识教学的辅助手段，而不是作为学生发展的一个基本途径和基本手段；学生的实践活动只是作为学校的特色和点缀，而不是作为学校教育不可缺少的重要组成部分"。[①]与此相对应的是教育评价的内容、方式和目的单一，重视对学生学习结果的量化考核，忽视对学生学习过程的考察；注重对知识学习的考察，忽视对学生能力特别是实践能力和参加社会实践活动情况的考察；评价的方式主要是考试，考试的方式主要是笔试，忽视操作性评价和质性评价方式的运用；评价的目的主要是甄别和选拔，而不是为了分析教情学情，也不是改进教学、促进学生更好地学习和发展；课程管理强调统一，注重国家课程，忽视地方课程和学校活动课程，致使课程难以适应学生个性化和多样化发展的需要。

（三）素质教育有待提升

我国基础教育重知识轻能力、重理论轻实践、知行分离的培养模式导致了学生片面发展、畸形发展，突出表现在以下几方面。

一是学生的动手能力和独立生活能力不足。欧美国家的学校注重实践学习和研究性学习，而我国学生在中小学阶段甚至大学阶段参加科学实验、生产实习和技能实训的机会较少，参加校外各种实践活动的机会更少，也很少从事课题研究，对调查法、实验法、访谈法等方法感到陌生，所以对综合运用知识解决实际问题更是感到束手无策。生活能力方面，许多学生进入大学后仍不能做到生活自理，究其原因，就是因为他们进入大学前，在家里很少

---

① 曾素林.论实践教育：基于实证方法与国际比较［D］.武汉：华中师范大学，2013.

有做家务的机会，在学校也没有专门的实践活动课让他们进行实际操作方面的技能训练和实践锻炼。

二是学生综合运用知识解决实际问题的能力不足，创造性思维和创新能力弱。长期以来，关键核心技术在高科技行业中大多被少数发达国家所控制，一个重要原因就是我国的拔尖创新人才不足，导致高精尖领域的科研创造力不足。曾任中国科学技术大学校长的朱清时在一次教育讨论会上提出，当前中国面临的主要挑战是年轻一代缺乏创新精神，这一问题可能成为国家未来发展的限制因素。造成我国学生创新能力不足的原因可能是多方面的，但我国学科教育中"系统"的分科学习和缺乏实际运用的实践学习应该是重要原因之一。研究表明，创新能力的培养与学生的学习方式有关，以解决问题为导向的开放式、多元化的实践探索活动有助于激发和提升学生的创造性思考与创新技能。

三是缺乏实践体验的道德教育导致学生道德方面的知行分离。人的道德发展是一个知、情、意、行共同作用的过程，少年儿童道德知识的获得和道德能力的形成，不仅来自成年人的教育，还来自他们的亲身体验和实践锻炼。著名教育家苏霍姆林斯基说："道德准则，只有当它们被学生自己追求、获得和亲身体验过的时候，只有当它们变成学生独立的个人信念的时候，才能真正成为学生的精神财富。"长期以来，我国学校中道德教育主要采用传统的道德教育模式和现代认知主义道德教育模式。传统道德教育模式主要依据固定道德规范来影响学生，目的是让学生养成遵循这些规范的行为习惯。这种教育方式以学生的服从和听从为准则，旨在培养遵从性，其核心特征包括：德育的目标倾向于强调社会统一性，而忽略了个体的独立性，没有充分认识到道德教育在帮助个人成长和完善自我中的关键角色。由于没有将道德素养视为个体生存的基本要素，导致设定的教育目标往往与学生实际的道德发展水平不符，缺乏与时俱进的观念和具体针对性；在德育内容上，过分强调政治教育的元素，而对学生基本的道德认识、道德技能以及道德判断力的培养关注不足，导致教育内容缺少实用性和活力。忽视对学生的基本道德认知、道德技能以及道德判断力的教育，缺乏实用性和活力；德育的途径主要是课堂教学，德育的方式主要是"我说你听"的单向"灌输"式教育或接受学习，而不是双向交流的互动体验式学习，即它认定要传授给学生的那些既定的道德标准是天然合理的，学生只需不加质疑、不折不扣地接受这些道德标准即可。面对学生的行为偏离既定道德规范的情况，教育者往往不是通过学生的实际生活经验来重新审视和调整这些标准，而是简单地以固定标准来否定学生品德成长的可能性，这种"强迫式"道德教育已不适应当今青少年主体意识觉醒和主体性发展的要求。一些青少年"知道纪律却不守纪，明白道理却不讲理，享受真情却不动情"，正是这种缺少行为践履和情感体验的道德教育实效性不足的具体表现。

四是学生的学习兴趣在缺少实践体验的极端应试教育中逐渐丧失。在应试教育只重结果（分数）不重过程、只重知识不重能力的指挥棒下，学生的学习方式主要是接受式学习，即学习大多局限在教室里、课堂上，学习的方式主要是听讲、阅读、做题、回答问题等；课后或死记硬背学科知识，或在无尽的题海中苦苦挣扎。这种机械化、模式化的学习方式切断了知识与实践的关系，学生不能"亲历"知识生成的过程，不能在真实的问题情境中尝试错误或体验成功；切断了知识与情感的关系，使学习丧失了原本蕴含的意义，学生也不能做到"热情求知"；切断了知识与活动和现实生活的关系，学生很难有在各种游戏和实践活动中自主探究、独立思考和质疑批判的机会。总之，学生在这种机械被动的学习中虽然掌握了知识、习得了技能，但却丧失了对学习的兴趣，失掉了对生活的感悟、激情与灵性。在这种情况下，原本应该带来精神愉悦的学习生活却变成了"精神苦旅"，甚至出现了精神危机、价值危机和意义危机。

第三节　实践育人稳步推进

在科学技术迅猛发展、知识经济加速到来、国际竞争日趋激烈的大背景下，我国现代化建设和中华民族伟大复兴事业既迎来了千载难逢的历史机遇，也面临着各种复杂困难和严峻挑战，我们迫切需要加快实施全面素质教育的步伐，培养具有社会责任感、创新精神和实践能力、德智体美劳全面发展的人。20世纪80年代以来，教育部等部门顺应世界教育发展潮流，深刻反省了我国基础教育长期存在的脱离生活、缺乏实践等突出问题，在一系列重要文件中反复强调加强"活动育人"和"实践育人"，强调加强青少年校外活动场所（基地）的建设与管理。

一、"社会实践"从无到有

1981年，国家教育委员会发布了修订后的《全日制五年制小学教学计划》，该计划首次正式将"课外活动"纳入其中，指出了课外活动在教育中的重要性，突显了它的教育价值、学生自愿参与和实践操作的特性。

1987年10月21日，国家教育委员会发布了《关于在普通中学开展社会实践活动的若干问题的通知》（〔1987〕教中字013号文），再次强调了在高级中学教育阶段进行社会实践的重要性，规定了开展社会实践活动的课时量（初中每学年一周，高中每学年两周），指出了开展社会实践活动的方式和要求等。此后，实践教学、生产劳动和社会实践活动等在我国各阶段教育中得到了一定程度的重视。但是，由于实践教育实施的机制尚未建立，加上应试教育这一问题没有得到有效解决，因此，中小学实践教育并没有得到普遍重视，更没有实现规范化、常态化开展。

1992年11月，原国家教委颁布《九年义务教育全日制小学、初级中学课程计划》，第一次将活动课纳入课程计划，强调该课程的活动性、自主性、综合性和开放性等特征。

二、"实践教育"日益重视

1999年6月13日，中共中央、国务院印发《关于深化教育改革全面推进素质教育的决定》（中发〔1999〕9号），这是党中央、国务院针对20世纪末我国教育中普遍存在的"极端应试"等问题，着眼于21世纪我国社会主义事业兴旺发达和中华民族伟大复兴的大局，在世纪之交向全社会特别是向全国教育工作者发出的教育改革总动员令。该决定强调，素质教育的核心在于彻底执行党的教育政策，其基本目的是提升国民的整体素养，重点在于激发学生的创新潜力和实践技能，培养他们成为有理想、有道德、有文化、有纪律的、德智体美等全面发展的社会主义建设者和继承者。素质教育的内涵是"要面向现代化、面向世界、面向未来，使受教育者坚持学习科学文化与加强思想修养的统一，坚持学习书本知识与投身社会实践的统一……"该决定将"加强教育与学生生活和社会实践的联系，加强实践教育"作为实施素质教育的重要方向。该决定提出，必须强化学校道德教育的实效性，确保其与学生的日常生活及社会实践紧密结合，避免走过场、搞形式。面对新时代青少年发展的特性，应当重视心理健康教育，培育学生坚定不移的意志和吃苦耐劳的精神，提升他们适应社会环境的能力。可以说，加强教育与学生生活和社会实际的联系，加强实践教学，培养学生的创新精神和实践能力，这是实施素质教育的重点目标，也是我国基础教育由应试教育向素质教育转变的关键和难点所在。

2001年5月29日，国务院颁布《关于基础教育改革与发展的决定》，该决定强调，中小学道德教育应通过多样化的教学和社会实践活动来实施。小学阶段应注重以生动有趣的方式开展课堂和课外活动，而中学阶段则需加大对社会实践的投入。学校应创设多样的服务岗位，使更多学生有机会参与实践锻炼。同时，青少年的校外活动设施建设应融入社区发展规划之中。地方政府需通过多种途径筹集资金，打造一系列供青少年使用的活动场所和实践基地。"加快构建符合素质教育要求的新的基础教育课程体系""中小学增设信息技术教育课和综合实践活动……普通高中要设置技术类课程。中小学都要积极开展科学技术普及活动。加强劳动教育，积极组织中小学生参加力所能及的社会公益劳动，培养学生热爱劳动、热爱劳动人民的情感，掌握一定的劳动技能。"该决定在中小学开展实践教育方面有了重大突破：一是实践教育的内容更加广泛，形式更加多样，不仅包括传统的"生产劳动"，还包括科学普及、信息技术、公益劳动等"综合实践活动"；二是提出加强实践教育活动场所——社会实践基地建设。

2001年6月8日，经国务院批准，教育部印发《基础教育课程改革纲要（试行）》，新一轮基础教育课程改革拉开帷幕。此次课程改革的关键目标包括：一是转变课程的作用，即"从过分强调知识的传授转向重视学生主动积极学习的态度培养，确保在掌握基础知识与技能的同时，也学会如何学习并形成健康的价值观"。二是改革重点是对课程框架的优化，目的是解决现有课程体系过于关注各学科独立性、科目数量过多且整合不足的问题。通过推出综合性课程，来满足不同区域和学生的个性化发展需求，确保课程设置实现平衡、多元和灵活选择。为强化课程与学生日常生活及社会实践的紧密联系，确保实践教学成为常规教学的一部分，"新课改"特别推出了一门新的必修课程——综合实践活动。此课程旨在让学生通过参与多种实践活动，获得宝贵的体验和丰富的知识，帮助他们全面理解自然、社会和自我之间的关联。这样的教育不仅能够促进学生对环境保护的重视，还培养了他们对自我发展和社会贡献的责任感。同时，学生将学会如何在周围环境中识别问题并独立地解决这些问题，进而培育出合作精神、分享意识以及积极向上的个性特质。该课程内容包括信息技术教育、研究性学习、社区服务与社会实践、劳动技术教育等领域。三是课程内容的改革，强调"改变课程内容'繁、难、偏、旧'和过于注重书本知识的现状，加强课程内容与学生生活以及现代社会和科技发展的联系，关注学生的学习兴趣和经验，精选终身学习必备的基础知识和技能"。四是转变传统的课程执行方式，原有方式往往过分强调被动接受知识、记忆和重复性练习。新方法鼓励学生积极参与和探究，勤于实践操作，旨在培养学生的综合能力，包括搜集和分析信息、学习新知识、解决问题以及进行有效沟通和协作。五是"改变课程评价过分强调甄别与选拔的功能，发挥评价促进学生发展、教师提高和改进教学实践的功能"。可以说，将综合实践活动课作为独立存在的必修课，密切教育与生活和社会实际的联系，加强实践教学，是我国实践教育的一次历史性超越，也是"新课改"最具标志性意义的一大亮点，当然也是"新课改"的难点所在。

2004年2月26日，中共中央、国务院印发的《关于进一步加强和改进未成年人思想道德建设的若干意见》指出，未成年人思想道德建设要"坚持贴近实际、贴近生活、贴近未成年人的原则……从他们的思想实际和生活实际出发，深入浅出，寓教于乐，循序渐进"。坚持知与行相统一的原则，课程不仅要关注课堂教学，更加强调通过实践活动、体验学习和养成教育来培养学生。教育过程鼓励学生主动实践和参与，引导他们在掌握道德理论的同时，能够自觉地按照道德准则行事。要"努力培育未成年人的劳动意识、创造意识、效率意识、环境意识和进取精神、科学精神以及民主法治观念，增强他们的动手能力、自主能力和自我保护能力""要积极探索实践教学和学生参加社会实践、社区服务的有效机制"。思想道德建设是一个将教育与实践相融合的过程。根据实际培养人才的要求，思想道德教育应以体验式学习为主要方式，针对不同年龄段青少年的特定需求，设计和实施内容丰富、形式多样、富有吸引力的道德实践项目。同时，应增强未成年人在节假日的参观和旅游活动中的思想道德元素，用心策划夏令营、冬令营、红色旅游、生态旅游以及各类参观瞻仰和调研活动，将深刻的教育寓意植入生动有趣的校外活动中。

2004年3月30日，中宣部、教育部颁布的《中小学开展弘扬和培育民族精神教育实施纲要》强调通过开展各种体验性活动弘扬和培育民族精神，加强知行统一，并对学校开展体验教育的课时做了明确规定，对体验教育的内容、方式等给出了具体的指导意见：要坚持教育以学生为中心，注重实践的重要性。要尊重学生的个性，激发他们的积极性、主动性和创造力，指引他们进行自我驱动的学习和发展。教育应与生产劳动及社会实践紧密结合，通过各种形式的实践活动，让学生亲身体验并深刻理解民族精神；同时，重视知识与行动的一致性，鼓励学生在社会生活中践行所学，展现民族精神。要"积极开展社会实践活动，定期安排学生参观爱国主义教育场所，如革命历史遗址和纪念馆，以及扫墓活动来纪念英雄人物，通过学习他们的崇高精神和感人故事，进行革命传统教育。同时，组织学生游览城乡及文化古迹，增进对国家改革开放成果和丰富历史文化的了解。通过征文、演讲、研讨会、知识竞赛和社会调研等多样的教育形式，充分利用校外活动和社会实践基地在培养学生方面的重要作用。学生参加各种校外活动、社会实践活动的总时间，初中学生一般每学年不少于20天，普通高中学生一般每学年不少于30天"。

2006年1月21日，中共中央办公厅、国务院办公厅印发《关于进一步加强和改进未成年人校外活动场所建设和管理工作的意见》，明确了未成年人校外活动场所的重要性和未成年人校外活动场所建设与管理的总要求，强调"公益性的青少年校外活动场所，作为学校教学的有益、必要的补充环节，为年轻人提供了全面发展的实践平台。这些场所不仅是向未成年人提供服务和教育的基地，而且对于加强道德教育、促进素质教育和构建社会主义文化具有不可替代的作用。它们在帮助青少年确立人生观、塑造道德品质、培养良好习惯、增进科学知识、激发个人兴趣以及培养创新精神和实践技能等方面扮演着至关重要的角色"。意见要求"校外活动场所要充分发挥体验性、实践性、参与性强的优势，组织学生开展生产劳动、军事训练、素质拓展等活动，让学生在亲身体验和直接参与中，树立劳动观念，提高动手能力，增强团队精神，磨炼意志品质"。该意见是未成年人校外活动场所建设与管理的纲领性文件，具有全面的指导意义。

2010年7月29日，经国务院和中央政治局先后审议通过的《国家中长期教育改革和发展规划纲要（2010—2020年）》发布。该纲要指出，重视以能力为核心的教学理念，通过优化知识体系和扩展社会实践来加强学生的能力培育。致力于提升学生的自主学习能力、实际操作能力和创新思维，引导学生掌握必要的知识和技能，学会思考与行动，学会生活与工作，为主动适应未来社会和创造自己的美好前程打下基础。强调理论学习与实践应用的结合，发展实践和体验式课程，以提高学生在科学实验、生产实习和技能训练方面的实际成效。利用社会教育资源，积极开展课外和校外活动，增强中小学的校外教育设施建设，并在学生社团组织及志愿服务和公益项目上提供指导和支持，鼓励学生主动参与。

2011年5月，教育部印发《关于联合相关部委利用社会资源开展中小学社会实践的通知》，各地陆续利用相关企事业单位资源建立专项社会实践教育基地，如中小学质量教育社会实践基地、中小学节水教育社会实践基地、中小学水土保持教育社会实践基地、中小学科普教育社会实践基地、中小学爱粮节粮教育社会实践基地等。

2011年6月，财政部、教育部印发《中央专项彩票公益金支持示范性综合实践基地项目管理办法》，根据该办法，由财政部、教育部从中央彩票公益金中拨出45亿元人民币，于"十二五"期间在全国范围内支持建设150个示范性中小学综合实践活动基地，即建立"以推进中小学生素质教育、提高实践能力为目的，具备室内综合实践区、室外劳动实践区、综合训练区、生活区等基本功能区，可容纳集中食宿，开展学工、学农、生命安全教育等综合实践教育活动的公益性场所"，拨给每个基地3 000万元，用于基地基本建设和设备采购等（省级财政部门根据当地财力情况，可以安排资金与中央财政安排的项目资金统筹使用）。上述示范性综合实践基地建设计划极大地推动了全国综合实践活动基地的建设与发展。

三、"实践育人"不断规范

2013年11月5日，教育部发布了《示范性综合实践基地实践活动指南（试行）》文件，该文件强调了建设示范性综合实践基地以及开展相关实践活动的重要性、指导理念和核心准则，明确了实践活动的目标和主要内容，并对实践活动的组织、实施、评价以及管理和保障措施提出了具体的要求。2014年4月1日，教育部印发《关于培育和践行社会主义核心价值观进一步加强中小学德育工作的意见》，指出教育系统和中小学校需大力开展富有成效的社会实践活动，将德育理念转化为可见的行动。这包括将社会主义核心价值观分解成与学生生活紧密相关的实际要求，并付诸实践。应普遍推行以诚信、礼仪、法治、勤学、环保、团结等为核心主题的活动；鼓励学生参与"学雷锋"等志愿服务和公益项目；引导学生在家中承担家务；确保学生在每个学习阶段至少体验一次务农或务工活动，农村学校则应提供相应的种植或养殖经验。此外，应充分利用博物馆、艺术馆、科技馆等公共资源，以及社会实践基地、青少年活动中心等校外设施，定期组织学生进行参观、调查研究、研学旅行、红色旅游等活动。"逐步完善中小学生推行社会实践的体制机制，把学生参加社会实践活动的情况和成效纳入中小学教育质量综合评价和学生综合素质评价"。教育应当重视知识与行为的统一，致力于培育学生形成良好的行为习惯。同时，应准确记录学生的行为表现，指导他们将道德理念付诸实际行动。

2015年7月20日，教育部、共青团中央、全国少工委印发《关于加强中小学劳动教育的意见》，通过劳动教育，应增强中小学生的劳动技能，帮助他们养成健康的劳动习惯和正面的劳动观念；教育他们理解生活和人生的价值都源于劳动，并培育他们勤于学习、主动劳动、敢于创新的精神，为他们的未来发展和幸福生活打下坚实基础；计划在3至5年内整合资源，发展多元化的教育模式，建立一个课程体系完善、资源充足、教学模式多样、机制完善的劳动教育系统，并营造一个广泛重视劳动教育的环境。其目标是在全国范围内建立一系列国家级劳动教育试验区，鼓励地方建设省级劳动教育实践基地和特色学校，以促进全国中小学劳动教育的全面深化改革。与以往强调劳动教育不同的是，该意见不仅指出了学校劳动教育的目标，而且指出了劳动教育的工作路径，即加强示范引领，在全国推动创建一批国家级劳动教育实验区，推动地方创建一批省级劳动教育实践基地和劳动教育特色学校，带动全国中小学劳动教育深入开展。

2016年11月30日，教育部、共青团中央、国家发展改革委等11部门联合印发《关于推进中小学生研学旅行的意见》，指出中小学生的研学旅行是一种由教育和学校系统策划安排的校外教育活动，结合了研究性学习和旅行体验，通常通过组团出行和集体住宿的形式进行。这种活动是连接学校与校外教育的新型方式，构成了学校教学的一个重要部分，也是实践教育的有效路径。开展研学旅行有助于学生培育和践行社会主义核心价值观，激发学生对党、对国家、对人民的热爱之情，有利于素质教育的全面实施和创新人才的培育。同时，引导学生主动适应社会，将书本知识与生活经验有效结合。此外，研学旅行有利于提升人民生活品质，满足学生对旅游的日益增长的需求，从小培育学生的文明旅游意识，并形成良好的旅游行为习惯。该意见提出了中小学研学旅行的工作目标和基本原则，明确了研学旅行的主要任务和保障措施等。

2017年8月17日，教育部印发《中小学德育工作指南》，强调加强"活动育人"和"实践育人"。该指南中关于"活动育人"的指导原则要求精心设计和组织教育活动，这些活动应具有清晰的主题、丰富的内容以及多样化的形式，并且能够强烈吸引学生参与。教育活动需要以明确的价值导向引领学生，并用积极正面的力量鼓励他们，以此来帮助学生培养优良的思想道德和行为习惯。关于"实践育人"，该指南强调："要与综合实践活动课紧密结合，广泛开展社会实践，每学年至少安排一周时间，开展有益于学生身心发展的实践活动，不断增强学生的社会责任感、创新精神和实践能力。要组织研学旅行，把研学旅行纳入学校教育教学计划，促进研学旅行与学校课程、德育体验、实践锻炼有机融合，利用好研学实践基地。"

2017年9月25日，教育部发布了《中小学综合实践活动课程指导纲要》，重申了综合实践活动课程的核心特征。首先，它是一门必修课程，与学科课程并行，贯穿小学至高中各个年级，要求所有学生参与学习。其次，该课程是一种跨学科的实践课程，侧重于指导学生通过实践、探索、服务、创造和体验来学习，并致力于解决实际问题。最后，它是一个动态且开放的课程，着重从学生的真实生活和成长需求出发，选择活动主题，并鼓励学生根据需要调整和优化活动流程，以达成既定目标。综合实践活动课程的总目标是"学生能从个体生活、社会生活及与大自然的接触中获得丰富的实践经验，形成并逐步提升对自然、社会和自我之内在联系的整体认识，具有价值体认、责任担当、问题解决、创意物化等方面的意识和能力。"关于实践活动的方式与途径，该纲要提出了"考察探究""社会服务""设计制作""职业体验"以及各种团队活动等。关于实践活动的实施过程和活动评价，该纲要指出，要"突出发展导向"，注重过程评价，做好写实记录等。

2019年6月23日，中共中央、国务院印发《关于深化教育改革全面提高义务教育质量的意见》，进一步强调"活动育人""实践育人"，要求"打造中小学社会实践大课堂，充分发挥爱国主义、优秀传统文化等教育基地和各类公共文化设施与自然资源的重要育人作用……加强劳动教育，充分发挥劳动综合育人功能……加强学生生活实践、劳动技术和职业体验教育"。

2020年3月20日，中共中央、国务院印发《关于全面加强新时代大中小学劳动教育的意见》，强调"劳动教育是中国特色社会主义教育制度的重要内容，直接决定社会主义建设者和接班人的劳动精神面貌、劳动价值取向和劳动技能水平"。要求"把劳动教育纳入人才培养全过程，贯通大中小学各学段，贯穿家庭、学校、社会各方面，与德育、智育、体育、美育相融合……创新体制机制，注重教育实效，实现知行合一，促进学生形成正确的世界观、人生观、价值观"。该意见还指出，要充分利用综合实践基地等各种场所开展劳动教育。

20世纪80年代以来，党中央、国务院和有关部门印发的一系列重要文件充分显示，大中小学的实践教育被充分重视，我国对青少年开展实践教育的意义与价值的理解也渐趋全面、深入，关于实践活动的实施过程和活动评价的要求也更趋科学、规范。具体来讲，2001年"新课改"以前，我们将实践教育（活动）主要定位于提升学生道德素质的一种手段，而"新课改"将实践教育（综合实践活动）的价值定位于密切学生与自然、与社会、与自我的关系，促进学生全面发展，成为培养他们的社会责任感、创新精神和实践能力等综合素养的重要途径。实践活动不再是学科教学之外的额外附加，而应成为各学科教学常态化的教学方式。就实践教育的实施来讲，"新课改"之前的"实践活动"是比较随意的、粗放的、表面化的活动，而"新课改"提出的"综合实践活动"是基于丰富的实践教育理论和活动课教学理论之上的课程化的实践活动，强调活动的整体设计和活动实施过程的指导与管理；强调发挥学生的主体作用，鼓励学生积极参与和亲身体验；强调学生在活动过程中综合运用所学知识解决实际问题；强调学生间的交往与合作；强调对学生参与实践活动的表现进行发展性评价等。

第二章
青少年综合实践基地的发展历程

中华人民共和国成立之初，以青少年宫、少年宫等社会公益机构为代表的中小学校外活动场所迅速增多，象征着社会实践基地的初步建立。得益于党和国家的高度重视，这些校外活动场所的建设和管理开始步入发展的轨道。改革开放初期，各级地区和相关部门积极落实党和政府的政策，通过多种措施强化了这些场所的建设工作，逐渐构建了一个以青少年宫、少年宫、青少年活动中心和科技馆为核心，遍布全国大中型城市的校外活动网络。这些场所举办的科学普及教育、文艺体育技能训练以及日常生活实践等活动，为中小学生提供了全面发展德智体美劳的教育平台。20世纪90年代初期建成的深圳市中小学德育基地、1999年建成的高密市青少年校外活动基地、2001年建成的潍坊市实验学校都是早期的综合实践基地的代表。该类学校的办学经验得到了社会各界的广泛好评。此后，通过设立综合实践基地开展青少年德育的经验逐渐推广普及，并逐步走向全国。1999年6月，中共中央、国务院印发了《关于深化教育改革全面推进素质教育的决定》，素质教育拉开帷幕。为适应素质教育需要，前期建设的德育实践基地被进一步重视，其独特的育人价值被重新认识。通过赋予其新的教育教学职能，青少年综合实践基地在全国范围内快速建设和发展，并逐渐走上规范化、示范化之路。

第一节 为强化德育实践应运而生

一、我国青少年综合实践基地的诞生

我国首个综合实践基地——位于深圳的中小学德育基地，是为了响应中小学道德教育的革新、强化道德实践环节以及增强道德教育的实际效果而设立的。

在20世纪80年代末至90年代初，中国首个经济特区——深圳，经历了迅猛的经济增长。伴随经济的飞跃，深圳的教育体系亦面临着成长的机遇与挑战。部分青少年受到外来不良文化的侵蚀，开始出现物质享受和快乐至上的价值观念。同时，由于不良行为的诱惑以及家庭教育的不足，该地区未成年人行为失范的问题日益突出，导致青少年违法事件急剧上升，且呈现低龄化现象。社会、家庭及教育机构均感到迫切需要创建一所专门针对这些有特殊需求的学生的教育机构，旨在通过系统的教育改革，辅助他们完成初中学业，成为社会有用之才。

到了1993年年底，中国首个经济特区深圳迎来了其第一所专门为问题青少年设立的教育机构——深圳市工读学校。该校配备了由校长、教师和行政人员构成的强大团队，并特别根据工读学校的传统管理模式，聘请了专职负责法治教育的副校长和辅导员，这些职位由来自市公安局的警务人员出任。学校采取了苏联教育家马卡连柯所倡导的集体教育方法，并根据他为流浪儿童设计的学习与劳动相结合的模式，在校园内设立了工厂和农场，以此推动学生的劳动学习。同时，学校还经常邀请附近的军事单位教官对学生进行军事训练。这所教育机构旨在通过结合工作、农耕、军训及法律知识教学，改正学生的不良习惯，并保证他们完成必需的基础教育课程。深圳市工读学校也着力将自身的教育资源推广至全市范围的中小学校，提供补充性的教学服务。除了常规的教育项目之外，该校还开展了短期的行为矫正班，专门针对那些在普通中学中有多次违纪行为的学生。通过将这些学生集中到工读学校，用1至2周的时间对他们进行密集的培训（包括参与工业和农业劳动、接受军事训练和法制教育等）的方式，学校实现了对这些学生问题的早期干预。此种教育模式取得了显著成效，家长和原校教师对参加培训学生的积极变化给予了极高的评价，认为他们有了明显的正向转变。

到了1994年6月，深圳市工读学校更改了名称，被命名为深圳市育新学校。7月份，市教育局批准成立了"深圳市中小学德育基地管理委员会"，并宣布建成全国首家综合实践活动基地——深圳市中小学德育基地。这一基地致力于推进素质教育和未来人才的培育，通过一系列如军事训练、国防教育、法律知识教学、劳动教学以及革命传统教学的活动，来激发学生们爱国、集体主义和革命英雄主义的精神，同时培养他们的法治观念、劳动价值观和吃苦耐劳的品质。为了实现这些教育目标，基地对原有的校办工厂进行了扩建，并新增了手工劳动课程，利用校内的果园、菜田、猪场、鸡场和鱼塘等资源，打造了一个全方位的劳动教学场所。除此之外，还建立了"延安精神教育馆"，向学生们传授自力更生、艰苦奋斗的价值观念；成立了"深圳市少年军校"，邀请当地或周边地区的军事单位教官对学生进行军事与国防方面的培训，并通过在校警务人员及工读学生的违法案例，对学员们进行深入的法律与禁毒教学。许多学生带着复杂的情绪来到这个基地，经历了许多人生中的"第一次"。在挑战与乐趣的交融中，他们锤炼着个人的意志与品格，领悟着生活的深刻意义，培养出对国家和社会的热爱之情。深圳市中小学德育基地不仅成为青少年锻造自我的平台、快乐成长的乐园，同时也构成了深圳经济特区基础教育领域的一道亮丽的风景线。

1995年4月22日，国家教委基础教育司的德育处负责人孙学策访问了深圳市育新学校。他们目睹了学生们在德育基地进行的多种社会实践活动，并听取了市教育局关于该基地建设进展的报告。孙处长对深圳市打造的这一中小学德育实践基地予以充分肯定，认为其通过实际活动培养了学生的爱国情感、道德观念和法治意识，是一种创新的教育方法，他评价这种模式为："具有新理念、新模式、多功能和独特特色。"他还表示希望深圳市教育局能进一步梳理这些经验，并向国家教委提交报告。

1995年5月19日，全国第三届工读教育工作会议在北京召开，会议邀请了全国多个省、市的教育主管部门的领导与会，时任国家教委副主任柳斌也出席了会议并发表了讲话。时任深圳市教育局基础教育处处长周延光应邀在会上介绍了深圳市如何利用工读学校资源建立综合型中小学德育基地的经验，他的分享赢得了与会者的广泛肯定和好评。

二、综合型德育实践基地进一步推广

在1995年12月14日，广东省教育厅主办了一次重要的会议——广东省中小学德育基地建设现场会，地点选在了深圳市中小学德育基地。这次会议成了一个转折点。会后，广东省内的许多市和区（县）开始模仿深圳的模式，建立了自己的中小学德育基地。这些基地虽有不同名称，如"德育实践学校""中小学社会实践活动基地"等，但都旨在强化德育教育。例如，广州市中学生劳动技术学校进行了转型，而深圳的龙岗区和宝安区、东莞、佛山、韶关、湛江、茂名、高州、电白以及梅州等地都设立了各自的德育基地。除此之外，一些民办学校也相继成立了德育基地。20世纪90年代，这种综合型德育实践活动基地的创建不仅增强了德育的实践环节，而且成为广东省中小学德育工作的一个亮点，展现出其独特的特色。

1997年3月，素质教育的重要推动者之一、前国家教委副主任柳斌在广东省教育厅和深圳市教育局高级官员的陪同下访问了深圳市中小学德育基地。柳斌对深圳建立德育基地的方法和所积累的经验表示高度赞赏，并为基地留下了寄语："讲求因材施教，注重以德育人。"

同年12月，来自全国15个省会城市的教委主任联席会议代表参观了深圳市中小学德育基地，以了解和学习深圳建立德育实践基地的先进经验。这次交流后，全国多个省市也开始建立自己的中小学生社会实践基地。尽管这些基地的名称多样，如"中小学生社会实践基地""未成年人社会实践基地""青少年素质拓展基地""中小学素质教育实践基地"和"中小学素质教育中心"等，但它们提供的活动课程和项目却基本相似，很多都借鉴了深圳市中小学德育基地的模式。当然，一些基地在课程设置上也融入了当地的特色元素。

第二节　为推进素质教育快速发展

21世纪的前十年，随着我国素质教育的不断推进，我国青少年综合实践基地的建设也得到快速发展，并呈现出鲜明的时代特点。

一、青少年综合实践基地加快建设

这一时期，青少年综合实践基地的建设推动力主要来自两个方面。

一方面，2001年"新课改"设置了"综合实践活动课"作为独立的必修课，20世纪90年代建立的一批社会实践基地因具备丰富的实践教育资源和专业化的师资队伍，正好解决了当地中小学校欠缺实践教育课程资源、缺专职活动指导教师的问题，及时适应了中小学综合实践活动课程的需要。因此，综合实践基地的功能价值逐渐获得了教育行政部门和广大中小学校的充分肯定，各地政府建立综合实践基地的积极性越来越高。

另一方面，这一时期中共中央、国务院以及教育部等部门印发的一系列文件都强调加强实践教育。1999年6月，中共中央、国务院印发了《关于深化教育改革全面推进素质教育的决定》（中发〔1999〕9号）。该决定指出，要"全面推进素质教育，培养适应21世纪现代化建设需要的社会主义新人"。2000年6月，中共中央办公厅、国务院办公厅印发了《关于加强青少年活动场所建设和管理工作的通知》。该通知要求"切实做好青少年学生校外活动场所的规划和建设工作……地方各级人民政府要设法多建设健康的青少年学生校外活动场所和设施……加大对青少年学生校外活动场所的资金投入……积极鼓励和支持社会力量兴办青少年学生校外活动场所和捐助各种活动设施及经费"。该通知还明确提出，力争在"十五"末期，全国90%以上的县（市）至少有一所青少年宫或活动中心等青少年学生校外活动场所。2001年5月，国务院颁布的《国务院关于基础教育改革与发展的决定》（国发〔2001〕21号）指出，"深化教育教学改革，扎实推进素质教育，面向全体学生，加强学生思想品德教育，重视培养学生的创新精神和实践能力，为学生全面发展和终生发展奠定基础"。2001年6月，为贯彻《中共中央国务院关于深化教育改革全面推进素质教育的决定》（中发〔1999〕9号）和《国务院关于基础教育改革与发展的决定》（国发〔2001〕21号），教育部决定大力推进基础教育课程改革，印发了《基础教育课程改革纲要（试行）》（教基〔2001〕17号）。该纲要在第五条中清晰规定，从小学到高中阶段，综合实践活动应作为学生必修的课程内容，涵盖信息技术教育、研究性学习、社区服务与社会实践以及劳动与技术教育。该课程的核心在于通过实践活动激发学生的探索精神和创新能力，教授科学研究方法，提升他们综合应用所学知识的技能。同时，这也有助于加强学校与社会的联系，并培养学生对社会的责任感。课程执行中需重视信息技术的教学，以培育学生使用信息技术的意识和能力，并让他们了解常用的技术和职业领域，从而发展基本的技术技能。通过贯彻落实以上文件精神，此前建立的一批中小学德育基地或综合实践教育基地的独特价值被重新认识。2004年2月，中共中央、国务院印发了《关于进一步加强和改进未成年人思想道德建设的若干意见》（中发〔2004〕8号），强调"要加强青少年宫、儿童活动中心等未成年人专门活动场所建设和管理"。中共中央办公厅、国务院办公厅印发《关于进一步加强和改进未成年人校外活动场所建设和管理工作的意见》（中办发〔2006〕4号），强调加强教育与生产劳动和社会实践相结合，加强学生实践基地建设。可以说，这两个重要文件，引起了各地政府部门对实践教育和综合实践基地建设的高度重视。

这一时期，青少年综合实践基地在全国部分省市快速发展，建设了一大批公办综合实践基地。江苏省先后建设了无锡市未成年人社会实践基地（2002）、张家港市未成年人社会实践基地（2008）等30多家公办实践基地，山东省建设了潍坊市综合实践活动基地，山西省建设了大同市中小学社会实践活动基地（2001），上海市建设了东方绿舟青少年活动营地（2004）……据原教育部教学仪器研究所2007年调研后发布的《综合实践基地建设与发展研究报告》统计，截至2006年，全国范围由县级以上教育行政部门建设管理的综合实践基地达300多家。此外，这一时期还建设了大量的民办综合实践基地，成为青少年综合实践教育的重要补充。

从2001年到2010年的十年间，全国各地，特别是广东、江苏、浙江、上海、湖南、山东、辽宁、重庆等省、直辖市均印发了有关推进中小学生综合实践基地建设与管理的指导意见，要求各级教育行政管理部门把实践基地建设纳入当地教育发展的总体规划，积极探索建立健全校外实践活动与学校教育有效衔接的工作机制，一大批水平较高的综合实践基地在此期间建立起来。以山东省潍坊市为例，自1999年高密实践基地开始运作到2002年，潍坊市迅速建立了5个新的实践基地；2010年昌乐实践基地成立，至此潍坊市已经形成了由10个综合实践基地构成的中小学校外综合实践教育网络。这些基地不仅为多个国家级的教育会议提供了参观现场，还成为全国中小学生社会实践基地建设的典范。潍坊市的教育部门持续创新综合实践活动的发展模式，并确保了综合实践活动作为必修课程的地位，这有助于学生全面健康发展。在"十二五"规划期间，潍坊市提出了"522"工程，旨在建设9个综合实践基地，每个基地占地至少50亩，建筑面积不少于2万平方米，并且设备投资不低于200万元。到了2017年，该市又提出了"631"工程，进一步扩大基地规模，确保总占地面积不少于6万平方米，建筑面积不少于3万平方米，并设有不少于1万平方米的户外拓展活动场地。当时，潍坊市的10个综合实践基地每年能够接待超过20万名中小学生参与各类实践活动，这些基地已经成了学生们向往的地方。除了本地学生，这些基地还接待了超过2万名外地学生进行研学交流。各实践基地围绕培养学生的品德和全面教育，提供了包括人工智能、劳动教育、思政教育和传统文化教育在内的多种实践课程，并开展了以红色教育、国防科工和地域文化为主题的研学活动。家长和学生对课程内容、教师质量和后勤保障的满意度均超过了98%。从教育资源的人均享有率和实施效果来看，潍坊市已经在县域范围内基本实现了综合实践教育的均衡和协同发展。其他省（直辖市）的具有代表性和一定影响的综合实践基地，如江苏省先后建设了南京行知未成年人社会实践基地、无锡市未成年人社会实践基地（2002）、张家港市未成年人社会实践活动基地（2008），山西省大同市中小学社会实践活动基地（2001）、上海市东方绿舟青少年活动营地（2004）等也都是在这一时期建立起来的。根据教育部教学仪器研究所2007年发布的《综合实践基地建设与发展研究报告》统计，截至当年，全国范围内由县级以上教育行政部门直接管理的综合实践基地达300多家，另外还有一大批民办青少年社会实践活动基地也在此期间纷纷建立起来。

二、青少年综合实践基地建设特点

这一时期，青少年综合实践基地建设与发展呈现出以下几个特点。

（一）青少年综合实践基地成为青少年思想道德教育的重要阵地

多数实践基地遵循中共中央、国务院的相关文件精神以及教育部新课程改革的要求，推出了包括生存技能训练、军事训练、家政学习、法制教育、环境教育、心理健康教育、探究式学习、劳动与技术教育、实地考察和社会调查等在内的一系列实践项目。这些参与性和体验性极强的活动使得基础教育，特别是思想道德教育更加符合学生的学习生活实际和社会需求，体现了青少年思想道德教育的实践特征，并受到了学生、家长和教师的广泛欢迎。此外，综合实践基地还逐渐发展出了多种功能机构，包括综合实践活动课程研发中心、教师培训中心、课程实施指导中心以及地方课程资源开发中心等。这些机构进一步完善了综合实践活动的教育体系，增强了其教育和培训能力。

（二）紧密围绕综合实践活动课程要求建设和发展基地

综合实践基地的建立，首先突破了传统教材、教室和学校边界的限制，推动了综合实践活动向一个更自然、更开放的方向扩展。这样做不仅加深了学生与自然和社会的联系，还增强了他们的生活实践能力。其次，在课程设计上，综合实践基地超越了传统的学科边界，侧重于学生的实际体验及社会的需求，整合了更多教育资源，从而更能激发和发展学生的创新意识和实际操作技能。再次，通过更新和优化实验设备和教学设施，综合实践基地不断提高教学质量，使得实践活动更加多样化、更具有操作性，并对改善学生的学习方式起到了关键作用。

（三）突出以学生为主体构建基地的活动内容

在建设和发展的过程中，综合实践基地始终将学生的生活世界作为其核心关注点。通过设计和实施一系列多样化的活动项目，基地更能满足学生个性化发展的需求。他们强调学生的积极参与、亲身体验以及主动实践，致力于培养学生的社会责任感、创新意识、团队合作能力和实际操作技能。

（四）因地制宜，形成了灵活多样的建设与发展模式

综合实践基地在深入理解新课程改革的核心理念后，针对各地的不同需求和特点，发展出了多种灵活的建设和发展模式。这些模式突破了传统上完全依赖政府投资和管理的单一模式，以教育部门为主导，积极引入其他政府部门、企业、社会团体及个人等社会力量共同参与，形成了合作共建的新格局。这种模式不仅拓宽了资金来源，也丰富了管理和运营的方式，提高了基地的服务质量和效率。为了确保综合实践基地的可持续发展，一些地区还尝试引入市场化运作机制，在坚持公益性原则的同时，通过政府财政补助、社会赞助和自营收入等多元化途径筹集资金。这种模式不仅保证了基地建设的资金需求，还促进了基地的自我完善和良性循环。一些地区的综合实践基地被定位为教育与生产实践相结合的重要平台。这些基地坚持科技、教育和农业三者的紧密结合，根据当地的资源和条件，采取因地制宜的策略，实现了边建设、边使用、边发展的动态管理模式。同时，这些基地与勤工俭学项目紧密相连，不仅改善了当地的教育环境，还为一线教学提供了强有力的资源支持，有效地促进了学生的全面发展和社会实践能力的提升。同时，基地建设还注重与当地产业和文化的融合，开展了一系列与地方特色相结合的实践教育，如地方文化传承、生态保护、创新创业等，这些活动不仅丰富了学生的实践经验，也增强了学生对家乡文化的认同感和责任感，取得了良好的社会效益。

综合实践基地的教育活动成效显著，获得了社会各界对其建设的认可与支持。许多地方的教育管理机构通过多种手段推动实践基地的持续进步，不仅增加了财政投入，还提供了政策支持和规范管理指导。此外，将各学校、各年级的综合实践活动纳入课程体系并进行统一规划，有效促进了实践基地活动的繁荣发展。同时，学校、学生及其家长的理解与支持也为综合实践基地的建设和发展提供了坚实基础，是其持续发展的关键。

第三节　为规范综合实践示范建设

2011年至2015年，教育部、财政部利用中央专项彩票公益金在全国范围（部分地级市）支持建设150家"全国示范性综合实践基地"（分5批，每年1批），具体办法是由国家财政为每个基地投资3 000万元（其中基建投资按2 400万元计算，设备投资600万元），地方配套项目资金不少于3 000万元（限政府资金或无偿捐赠资金）。申报条件是：① 地方政府应无偿提供土地或利用中小学布局调整后闲置的中小学校、职业技术学校校舍等，独立设置，独立建设；② 占地面积应在6万～10万平方米之间（90～150亩），可以同时容纳至少1 000人进行活动；③ 所在地级市发展和改革委员会审批立项；④ 项目申报所在地政府编办应对建成后的示范性综合实践基地的单位性质、人员编制予以明确，财政部门应将示范性综合实践基地的运转、维护和开展公益性活动的经费纳入财政预算予以保障。

一、示范性综合实践基地的建设进展

上述由中央彩票公益金支持建设的示范性综合实践基地包括三类。

第一类是全新规划建设的综合实践基地，如山东省临沂市示范性综合实践基地、山东省潍坊市示范性综合实践基地、山东省威海市中小学生实践教育中心、山西省晋中市示范性综合实践基地、江苏省南通市示范性综合实践基地等。

第二类是2011年以前已经建立的综合实践基地的改造扩建或重建，如广东省韶关市示范性综合实践基地、山西省大同市示范性综合实践基地等。

第三类是利用中小学布局调整后闲置的中小学校、职业技术学校校舍改建扩建而成的基地，如湖南省株洲市示范性综合实践基地、武清区示范性综合实践基地等，其中绝大多数为新建基地。

得益于众多省、市政府和教育行政部门的高度重视，一大批示范性综合实践基地得以建设，其规模和功能远超过了教育部、财政部设定的基础标准。这些基地不仅占地面积广，能够接待的活动参与人数多，而且地方投入的资金支持也远超最低要求的3 000万元，有的地区投资甚至高达数亿元。例如，南通市未成年人社会实践基地占地面积达到965亩，总投资额为4.25亿元；山西省大同市的示范性综合实践基地占地450亩，总投资高达4.5亿元；浙江省温州市的综合实践基地也有200多亩，总投资达3亿元；山东省威海市的示范性综合实践基地更是占地超过1 000亩，首期投资即达1.36亿元；临沂市的示范性综合实践基地占地400多亩，总投资同样为3亿元；甘肃省兰州市的示范性综合实践基地则接近200亩，总投资达3.2亿元。这些基地的建设和运营，体现了各地对教育实践环节的极大重视以及对提升学生实践能力、创新精神和社会责任感的承诺。总体来看，与2011年以前建立的实践基地相比，这些新建的实践基地在多个方面都有显著的提升。它们不仅规模宏大，而且在规划设计上也更为合理，设施设备更为现代化。同时，这些基地的师资力量也较为雄厚，整体素质较高，能够为学生提供更加丰富和高质量的实践活动。

为了规范和引导全国示范性综合实践基地的实践活动课程开发与执行，进而有效提升这些基地的实践教育水平，教育部在2013年11月发布了《示范性综合实践基地实践活动指南》，这标志着国家层面首次就综合实践基地的课程设置及其实施过程提供指导性文件，具有里程碑意义。该指南强调了开展实践活动的重大意义，并提供了明确的指导思想和基本原则，确保实践活动能够沿着正确的方向发展。同时，它明确了实践活动的目标和主要内容，包括项目设置的参考标准，以便各基地能根据具体情况设计和调整活动项目。此外，该指南还详尽阐述了实践活动的组织、实施、评价以及管理与保障等方面的具体措施和建议。它既对教育行政部门提出了监管和支持的要求，也对综合实践基地自身的课程建设和日常管理职责给出了清晰的指导。这些内容对于保证实践活动的质量、效率以及安全至关重要。通过该指南的实施，全国的综合实践基地得以在统一的标准下进行课程构建和管理，确保了实践活动的质量和效果，这对于培养学生的实际操作能力、创新思维和社会责任感有着不可估量的正面影响。该指南对全国所有综合实践基地的课程建设与管理工作都发挥了重要的指导作用。

为了更有效地推动中小学生研学实践活动，教育部在2017年和2018年分两批评选出了40家"全国中小学生研学实践教育营地"。这些营地是从全国各地的综合实践基地中精心挑选出来的，是能够提供优质研学实践教育资源的佼佼者。教育部通过中央专项彩票公益金给予了这些营地大量的资金支持，这笔资金被用于研学实践教育线路的设计、课程开发、教师能力培训以及相关活动的组织与实施。这一政策的实施显著提高了这些营地的建设水平和运营能力，使得它们能够更好地服务于广大中小学生的研学需求。同时，这也有助于促进全国实践教育资源的均衡分配和利用，确保不同地区的学生都能享受到高质量的实践教育服务。

随着综合实践基地硬件设施的不断完善，对教师专业发展和教育科研能力的要求也随之提高。自2011年起，教育部相关部门、中国陶行知研究会实践教育分会以及其他专业的实践教育组织，与各省市的教育行政和教研机构紧密合作，举办了众多的培训和研讨活动。这些活动旨在加强全国、省、市层面的综合实践基地的骨干教师和管理者的专业培训，总培训规模达到了数十万人。这些培训和研究工作覆盖了综合实践基地课程建设、文化建设、场馆建设、活动组织与评价等多个方面，这不仅促进了教师个人的职业成长，也推动了综合实践基地在内涵发展上的深化以及整体办学水平的持续提升。通过这些系统的培训和科研活动，综合实践基地的教师们能够更好地掌握先进的教育理念和方法，极大地提升了综合实践基地教师的专业素养、课程开发与实施水平，有力地促进了实践基地的内涵发展和办学水平的不断提升。

二、示范性综合实践基地的主要特征

这一时期，各地示范性综合实践基地的建设呈现以下特征。

（1）示范性综合实践基地的建设起点高、规模大，基地普遍占地100亩以上，有的甚至达到300亩以上；建设标准高、投资多，基地总投资6 000万以上，有些营地投资达3亿元左右。

以山东省乳山市中小学综合实践学校（乳山市中小学综合实践教育基地）为例，该基地是乳山市委、市政府投资4.3亿元建设的一所公益性学校，总占地256亩，总建筑面积5.6万平方米，由主校区、农业实践区和军事训练区三部分组成，面向全市中小学生开展校内外研学实践活动。其主要面向的学生为（五四学制）小学四五年级，初中七八年级和高中一年级。

　　该基地的主校区净占地100亩，共有A、B、C、D、E、F六幢主要建筑。其中，A楼为科技实践楼，建筑面积8 623.53平方米，主要开设"学工、学科学技术"类课程。楼内设有学工新车间、创客梦工厂、新能源与现代科技展厅以及沙画工坊、编制工坊、陶艺工坊、人工智能、智慧物联、环境科学、无人机等各类功能室22个。

　　B楼为专题教育馆，建筑面积5 739.27平方米，主要规划有市情教育厅、大秧歌排演室、青少年法治教育基地（由法治馆、禁毒馆、反邪教馆组成）和多功能剧场，是进行德育、思政教育的主要场所。

　　C楼为海洋馆，建筑面积8 088.08平方米，分三层分别规划为"自然之海""人文之海""家乡之海"，是对青少年学生进行海洋知识科普、海洋保护教育和家乡海洋宣传的主要场所。

　　D楼为生存体验馆，建筑面积3 289.12平方米，用于对学生开展地震、消防、人防等应急逃生体验和红十字会应急救护培训以及心理健康教育，是开展生命安全教育的重要场所。

　　E楼为生活馆，建筑面积5 298.01平方米，设有学生餐厅（餐位850个）和对外接待的自助餐厅（餐位150个）以及供学生实践操作的厨艺、茶艺、烘焙体验室和啦啦操馆（山东省唯一一处国家啦啦操集训队训练比赛基地）。

　　F楼为公寓楼，建筑面积10 747平方米，学生宿舍为4人间，每间都设有干湿分区的淋浴室和卫生间，可同时容纳1 000人住宿。

　　此外，该基地还设有室外拓展区、农业实践区和军事训练区。室外拓展区的运动场地面积为6 599平方米。其中，中高空拓展区1 153平方米，攀岩区2 041平方米，"勇往直前"活动区1 674平方米，网球场668平方米，笼式足球场1 063平方米。此外，还设有12处水上拓展项目。农业实践区净占地100亩，规划了粮食作物、蔬菜、果树、苗木花卉种植体验区，主要对学生进行农业知识普及、传统农耕体验和农业科技展示等。军事训练区位于市人武部院内，占地56亩，建有队列、战术、电子射击训练场、真人CS对战场等，用于开展国防教育研学活动。

　　（2）示范性综合实践基地的管理更加规范化。基地功能区布局和规划设计更加合理，场馆建设强调情境性、互动性、体验性，更加重视基地的课程开发设计，强调课程与学校教育对接，突出实践性和过程性以及重视师资队伍的专业化等。

以日照市青少年综合实践基地为例，该基地坐落在日照市高新区河山脚下，风景秀丽，具有得天独厚的地理位置优势，是广大青少年和中小学生开展研学实践教育的理想之地。该基地作为"省级示范性综合实践基地"，早在2017年就开始实施面向日照市区中学生的研学实践教育活动。基地积极开发研学课程、广泛组织研学实践，先后在教育部装备与研究中心举办的创客论坛、全国中小学综合实践基地年会上推广研学经验，被团中央、教育部、中国地震局等授予"全国中学实践教育活动合格单位""青少年法治教育中心直属实践基地""国家防震减灾科普示范学校"等国家级荣誉，并荣获"省级科普示范学校""省级交通安全示范学校""省级环境教育基地""省级示范性综合实践基地""省级中小学德育工作先进单位"等一系列荣誉称号。

日照市青少年综合实践基地一期占地面积80亩，投资近1亿元，总建筑面积21 155.28平方米。其中，实践活动楼可供1 200人同时上课，公寓楼可供650人住宿，餐厅可容纳600人，演播厅可容纳1 000人，吃、住、教、训一体化，研学、实践活动设施齐全。基地现有教职工71人，其中2人获"省级优秀教师"称号，2人获"省教学能手"称号，8人获"市级优秀教师"称号，设有综合协调部、实践指导部、安全管理部和后勤保障部等4个中层职能处室。基地建有拓展训练场地、海洋科技馆、禁毒教育馆、环保体验馆、交通体验馆、消防体验馆、科技馆、地震体验馆、心理健康教育馆、人防教育体验馆等10个主题体验馆及23个室内活动项目。基地建有全市最大的青少年法治教育基地，场所面积共1.1万平方米，其中室内法治教育主题馆1 060平方米，室外法治文化主题公园10 000平方米。基地立足学校硬件，不断完善课程体系，加强新课程开发，形成了"生存体验、素质拓展、科学实践、主题教育"4个领域，共37个活动课室、60余个活动项目，开发了"山海茶韵""星空、森林、大海"等省、市级精品研学线路，学生在亲身体验和直接参与中，树立了劳动观念，增强了团队合作精神，磨炼了道德品质，提升了实践能力和创新意识。

基地每年承担日照市区范围内25所初中约12 000名初一学生的综合实践

活动及研学活动。活动时间为每期一周，人数600人左右，住宿费、耗材费等每生每期195元，生活费一周每生130元；带队教师生活费每人200元。基地坚持以"合作、实践、创新"为核心理念，遵循校外教育规律和青少年成长规律，逐步建立健全综合实践及研学教育管理体制和工作机制，不断提高活动场所建设和管理水平，增强服务功能，在培养青少年创新精神和实践能力等方面成绩卓著。

可以说，乳山市中小学综合实践学校（乳山市中小学综合实践教育基地）、日照市青少年综合实践基地是全国各地青少年综合实践基地在规范化建设的一个缩影，具有代表性。

三、青少年综合实践基地的发展机遇

2020年3月，中共中央、国务院联合发布了《关于全面加强新时代大中小学劳动教育的意见》，再次强调劳动教育的重要性。该文件明确提出了设置劳动教育课程的要求，强调根据不同学段的教学特点和学生的成长需求，在大中小学各个阶段设立劳动教育必修课程，以系统化和规范化的方式加强劳动教育。为了确保这一政策的落实，2020年7月，教育部进一步印发了《大中小学劳动教育指导纲要》。这份纲要为各级学校开展劳动教育提供了具体的实施指南和操作建议，旨在通过顶层设计来引导学校科学、有效地开展劳动教育。该纲要强调了劳动实践的重要性，鼓励学校与家庭、社会多方合作，共同推进劳动教育的深入开展，意在培育学生的劳动观念、劳动技能以及尊重劳动的品质；同时也致力于形成全社会尊重劳动、崇尚劳动的良好风尚，这对于促进学生形成正确的世界观、人生观、价值观具有重要作用。

但由于劳动教育涉及面广，投入要素多，综合性强，校外劳动教育实践基地存在建设难、运营难、收效难等问题。调研发现，某青少年综合实践基地为教育部门直管型基地，其自建一处果蔬园用于开展劳动教育。但在组织学生采摘蔬菜后，剩余部分由于诸多因素无法出售，只能任其腐烂。实践表明，一些具有"公益性事业单位"身份的直管型基地自建学农场所开展劳动教育时多侧重于"农业观光"，对劳动教育的促进作用不大。对威海市环翠区中小学生综合实践基地（威海市城乡融合乡村振兴样板区菱角湾营地）实行托管化改革后，通过流转主营区周边225亩农用地，打造多功能农耕实践园，有效支撑了学生开展校外劳动教育的需要。调研发现，以现有综合实践基地为基础，在托管化改革的基础上，通过吸纳基地周边田园综合体、农业科技园、规模化种、养殖基地等具有劳动教育资源的市场主体，以新建或共建的方式打造"基地+农耕园""基地+产业园""基地+科技园"等类型多样的劳动教育实践综合体，能够有效满足学生学农、学工需要，从而切实加强中小学生劳动教育。

时至今日，经历20多年发展的示范性综合实践基地，是深化教育改革、推进素质教育，面向全体学生、加强青少年思想道德建设、培养学生创新精神和实践能力、开展综合实践课程的校外活动中心，同时也是开展研学旅行活动和劳动教育的场所。

表2-1　我国青少年综合实践基地的发展历程

建设历程	政策依据	政策要求
起步阶段	1999年，中共中央、国务院印发《关于深化教育改革全面推进素质教育的决定》	
发展阶段	2006年，中共中央办公厅、国务院办公厅印发《关于进一步加强和改进未成年人校外活动场所建设和管理工作的意见》	公益性事业单位
规范阶段	2011—2015年（"十二五"）教育部、财政部利用中央彩票公益金在全国范围支持建设150家国家级示范性综合实践基地	提出了基地建设管理的基本标准
拓展阶段	2016年教育部等11部门印发《关于推进中小学研学旅行的意见》	研学履行职责纳入综合实践基地
升级阶段	2020年中共中央、国务院印发《关于全面加强新时代大中小学劳动教育的意见》	劳动教育职责纳入综合实践基地

第三章
青少年综合实践基地的基本内涵

作为青少年校外教育的基本场所，青少年综合实践基地的特点鲜明、功能丰富，类型多样、优势突出，与学校教育具有明显差异。搞清楚青少年综合实践基地的基本内涵，是理解和深化青少年综合实践基地托管化改革的基础。

第一节 青少年综合实践基地的特点与功能

总体上，青少年综合实践基地具有教育对象的流动性、学习内容的生活性、学习方式的体验性、学习环境的开放性、学习时间的集中性以及学习组织的团体性等特点。通过有效整合青少年综合实践基地的各类教育教学资源，使其具有了有效促进学生综合素质提升等多种功能。

一、青少年综合实践基地的特点

综合实践基地的特点是综合实践基地与中小学校相比较所表现出的独特性，它是综合实践基地建设与管理的基本依据，只有准确把握综合实践基地的特点，了解其运行规律，我们才能更好地建设和管理实践基地。

综合实践基地作为专门开发和实施综合实践活动课程的场所，其特性虽然受实践活动课程特点的影响，但二者并非完全相同。与传统的中小学校和其他校外教育机构相比，综合实践基地呈现出一系列独有的特征。首先，教育对象在综合实践基地中具有高度的流动性；其次，学习内容更具生活性；再次，学习方式以体验性为主。此外，学习环境开放且富有情境性。学习时间的集中性、短期性和学习组织倾向于团体性也是其特点。这些特点使得综合实践基地成了一个特殊的教育平台，它为学生提供了一个自由探索、主动学习、相互合作的空间，极大地丰富了学生的学习经历，并有助于他们全面发展。

（一）教育对象的流动性

综合实践基地作为一个开放的教育平台，其服务对象具有显著的流动性。与中小学等教育机构不同，综合实践基地并不拥有固定的学生群体。它们面向特定区域内所有中小学校的学生提供服务，这些学生通常是由各自的学校安排，按年级或班级集体前往实践基地参加活动。每期活动的时间一般为1至5天，或者1至7天，这样的短期集中实践活动使得学生群体在基地中呈现出高度的流动性，因此综合实践基地的教育模式是围绕短期项目和主题活动设计的。这种快速的流动性使得基地的教育对象具有极大的不确定性，这与小学生、初中生或高中生通常在各自的学校度过长达数年的学习生活形成了鲜明的对比。

（二）学习内容的生活性

综合实践活动课程是一种以学生的亲身体验和现实生活为核心的实践性教育形式。这种课程的设计和实施必须紧密联系学生个人的生活实际以及他们所处的社会环境，鼓励学生从自己的日常生活、社交互动以及与自然界的接触中，提炼出有教育价值的主题。通过这样的方式，活动内容不仅贴近学生的实际，也更有利于激发他们的学习兴趣和参与热情，旨在给学生提供个性化的学习体验，帮助他们积累宝贵的实践经验。通过这一过程，学生能够建立起对人与自然、人与社会以及人与自我之间内在联系的全面理解。这不仅能够促进他们的认知发展，还有助于培养他们的同理心、社会责任感以及对环境的尊重。综合实践基地的活动课程强调学习内容的生活性，注重培育学生在实际生活中发现问题、分析问题和解决问题的能力。这种以生活为本的学习内容设置使学生的教育经历更具意义，更能体现学以致用的原则，同时也为他们将来的成长和适应社会打下坚实的基础。

（三）学习方式的体验性

综合实践活动的本质特点和目标价值决定了学生在综合实践基地的学习

方式主要是体验学习,即教师引导学生在真实或模拟的环境中,通过亲身参与各种体验性活动,从中获得感受、体味、领悟的学习方式。具体来讲,综合实践基地的学习方式主要有:① 课题探究的研究性学习,即关注自然、社会、生活中的现象,深入思考并提出有价值的问题,将问题转化为有价值的研究课题,学会运用科学方法开展研究;② 具有实用价值的设计制作学习,即运用一定的操作技能解决生活中的问题,将一定的想法或创意付诸实践,通过设计、制作或装配等,形成较为复杂的制品或用品;③ 参观考察学习,如场馆参观、自然观察等;④ 社会参与的实践性学习或职业体验活动,即让学生参与到一般的社会实践活动中,如实践基地组织的学工、学农、学军活动和手工制作劳动等。体验学习的过程也是情感、态度和价值观的培养过程。在面对实际问题时,学生的情感会被激发,他们会对某一问题产生共鸣或关切,进而发现知识之间的本质联系,促进其思维能力和实践能力的发展。

(四)学习环境的开放性

基地的学习环境具有开放性。综合实践基地作为开展综合实践活动的重要场所,其学习环境的开放性是实现教育目标的关键因素。这种开放性不仅体现在物理空间的无界限,还体现在学习内容和评价方式的多元化。在这样的环境中,学生能够自由地探索和学习,不再受传统教室的限制,也不被固定的课程框架所束缚。

首先,基地的空间环境开放性意味着学生的学习活动可以延伸到室外甚至校外,以利用更广阔的自然资源和社区资源。例如,学生可以在户外进行生物观察、环境监测或地质勘探,也可以走进社区进行文化交流、社会调查或志愿服务。这种空间的开放性为学生提供了丰富的学习材料和真实的学习情境,有助于培养学生的实践能力和创新精神。

其次,基地环境的开放性还体现在对所有学生具有包容性。每个学生都可以根据自己的兴趣和需求选择学习项目,教师则根据学生的个体差异提供个性化的指导和支持。在这样宽松和谐的环境中,学生之间的交流和合作得以加强,有助于培养他们的社交技能和团队协作能力。

最后,基地学习内容的开放性强调与个人生活和社会生活的联系。学生在这里学到的知识和技能直接运用到他们的生活中,如家庭经济管理、社区发展等。这种紧密的联系使得学习更加有意义，也更能激发学生的学习动机和参与热情。

（五）学习时间的集中性

综合实践基地的特点之一是学习时间的集中性，综合实践基地的实践活动课一般是由中小学校组织部分班级或整个年级的学生集中在几天时间（一般为1—5天）内到基地进行，这为学生提供了一种独特的学习体验。与校内每周分散的2课时相比，集中性的学习使学生能够更深入地投入实践活动中，这种短期但密集的学习方式有助于学生在短时间内对特定主题或技能有更深刻的理解和掌握。在集中学习的时间里，学生可以不受其他学科课程的干扰，更加专注于实践活动，这有助于学生学习效率的提高和实践能力的培养。集中性学习时间的设置也使得实践活动更加突出和强化，学生可以在这段时间内与同伴共同生活和工作，建立起团队合作精神和集体协作能力。在集中学习的时间内，学生之间的互动更加频繁，这有助于培养他们的社交技能和解决实际问题的能力。

（六）学习组织的团体性

学生在学校一般是个体独立学习，学生之间并没有太强的依赖性，但综合实践基地的学生活动（学习），一般是以班级为单位或小组为单位的团体活动或合作学习的方式进行。在共同的任务面前，学生学会了分工协作、相互支持，这种团队中的互助和经验分享对于个体的成长至关重要。通过团队合作，学生能够从同伴那里学习不同的观点和方法，这在单独学习时是难以实现的。另外，在共同的目标（解决共同的问题或完成共同的任务）下联合行动，学生能够彼此配合、相互协作、相互促进。以小组为单位的团队活动或合作学习能促进学生自主探究和自我管理，有助于缓解综合实践基地因学习时间集中、学生人数较多所导致的指导教师资源不充足的矛盾。

二、青少年综合实践基地的功能

20余年来，青少年综合实践基地通过不断完善发展，已经集多种功能为一体，成为青少年校外教育的基本场所之一。

（一）具有促进学生综合素质提升的功能

教育功能是综合实践基地的基本功能。综合实践基地作为实施素质教育的新兴平台，主要服务于全面提升学生的综合素质。通过各种形式多样的实践活动，帮助学生丰富知识、拓宽视野、磨炼品性、提高技能、享受乐趣，并促进其健康全面地成长。

综合实践基地的教育功能主要表现在以下几个方面。

1. 提升学生的道德素养

德育功能是综合实践基地的首要功能，是其核心价值的体现，"新课改"前的综合实践基地都是为适应中小学德育工作需要而建立的。综合实践基地的德育功能表现在：第一，基地实践活动让学生走出教室，走出校园，走进社会，了解社会、了解他人，促进其正确认识自己与他人、个人与社会的密切关系，让他们学会理解，学会感恩，培养他们的同理心和责任感，养成尊重他人、尊重社会、融入社会、奉献社会的良好品德。第二，基地自然考察活动让学生亲近自然，感受生命的多样性和生态的脆弱性。这种体验能够激发学生对自然界的好奇心和探索欲，同时让他们产生保护环境的责任感。在观察和研究中，学生学会了珍惜资源，理解了人类活动对环境的影响，从而在日常生活中形成环保的行为习惯。第三，实践基地开展的爱国主义教育、民族精神教育、军训与国防教育、法制教育（包括禁毒教育）、劳动教育、环境教育、生命教育（包括心理健康教育、安全教育等）等专题教育和职业体验活动，其目的都是为了引导学生准确理解并践行社会主义核心价值观，培养学生的爱国主义精神、民族精神、国防意识、法治意识与遵纪守法习惯、劳动意识（热爱劳动和劳动人民、尊重劳动成果等）与劳动习惯、环保意识与环保习惯等道德意识和道德实践能力，形成积极健康的人格和良好的品质，促进学生核心素养的提升和全面发展，为学生的成长奠定坚实的思想道德基础。

2. 培养学生的科学精神

实践基地为学生进行科学观察和研究性学习创造了必要的条件。学生在基地观察自然、社会、生活中的某种现象，深入思考并提出有价值的问题，在这种环境下，学生不仅能够观察和记录客观事实，还能够通过实验和实践活动，验证科学假设和理论。这种亲身参与的科学探究活动，让学生体验到科学研究的乐趣和挑战，能够激发他们对科学的好奇心和求知欲。学生可以再将问题转化为研究课题，然后在实践探究中综合运用知识分析问题，提出解决问题的方案或策略，并做出基于证据的解释，形成比较规范的研究报告或其他形式的研究成果。这一过程不仅锻炼了他们的科学研究技能，还提高了他们的逻辑思维和批判性思维能力。同时，学生在合作探究中学会了交流和协作。通过这种探究性学习或课题研究性学习，学生可以亲身参与和体验科学研究的一般过程，培养实事求是的科学态度、严谨规范的科学思想、批判性思维能力、尊重他人研究成果的科学伦理以及不断进取的创新精神，掌握基本的科学研究方法，初步形成发现问题和解决问题的科学探究能力。

3. 培养学生的动手能力

社会实践学习、生活学习和设计学习（创意物化）是综合实践基地常见的学习方式。综合实践基地通过提供多样化的实践活动，极大地促进了学生动手能力的发展。在社会实践学习中，学生通过参与社区服务和社会考察等活动，不仅能够将课堂上学到的知识应用到实际生活中，还能够在实践中学习新的技能和知识。这个过程让学生更加深刻地理解社会运作的基本规律，提高了他们解决实际问题的能力。生活学习则更加注重学生的生活技能和适应能力的培养。通过生活科技探究与创造活动，学生能够学习到如何在日常生活中运用科学原理和技术手段，提高生活的质量和效率。这些活动不仅包括基本的生活技能训练，如烹饪、缝纫、家务管理等，也包括更高层次的科技创新和设计，如智能家居设计、环保节能技术的应用等。设计学习（创意物化）是一种以问题解决为导向的学习方式，它要求学生综合运用所学的知识和技能，进行创意设计和实际操作。在这个过程中，学生不仅要动脑筋思考问题的解决方案，还要亲手将方案实现，这对于培养学生的创新思维和动手操作能力具有重要意义。通过这种学习方式，学生能够将抽象的概念转化为具体的物品或系统，体会到从无到有的创造过程，从而增强自信心和成就感。

4. 培养学生的协作精神

综合实践基地的集体生活环境为学生提供了一个远离家庭和学校常规

环境的社交场所，这种环境的变化有助于学生在更广阔的社会背景中学习和成长，有利于培养学生的人际交往能力和协作精神。一方面，学生在基地的集体生活中学会了相互交往、相互帮助、相互支持，这有助于培养学生主动交往的态度、能力和团结互助精神；另一方面，在基地中，学生需要适应新的居住安排，与不同背景的同伴共同生活，这本身就是一种社会实践。他们不仅要学会管理个人生活，还要学会如何与他人和谐相处，处理各种社会关系。在课余生活中，学生必须学会分工合作，如分配宿舍清洁任务、共同规划活动日程等，这些都是锻炼其领导力和团队协作能力的绝佳机会。最让人称道的是综合实践基地通常提供丰富的资源和开放式的学习空间，鼓励学生探索和实验。这种环境的设计旨在激发学生的好奇心和求知欲，同时也强调了团队合作的重要性。在项目式学习和问题解决的过程中，学生被鼓励向同伴学习，分享自己的知识和经验，共同寻找解决方案。这种互动和合作不仅加深了他们对学科知识的理解，更重要的是能够帮助他们建立有效的沟通技巧和团队协作能力。综合实践基地的活动往往设计得颇具挑战性，要求学生在完成任务的过程中相互依赖，共同克服困难。这种设计不仅锻炼了学生的适应能力和解决问题的能力，还强化了他们在团队中的角色认知和责任感。通过这些活动，学生能够在实践中学习如何在团队中发挥自己的长处以及如何有效地与他人协作，最终目的就是要培养学生的人际交往能力、领导能力和团队协作精神等。

5. 促进学生的个性发展

首先，综合实践基地为学生提供了一个了解自身、了解自然、了解社会的开放式的友善空间，学生在这样的空间里可以放松心情、释放压力、展现个性；其次，综合实践基地面向学生的生活，尊重学生的兴趣和自主选择，将学生的需要、动机和兴趣置于核心地位，这有利于学生积极主动地参与实践活动；再次，综合实践基地的学习方式主要是体验学习，而体验学习具有个性化的特点，它尊重每个学习者的主体地位，为每个学习者提供参与活动、张扬个性、展示特长的机会，每个学习者只要积极参与活动，其个性和潜能都可以得到释放和发展。总之，综合实践基地的实践活动有利于学生良好个性的发展和特长的发挥，有利于培养其自信心和独立品格。

（二）作为学生研学旅行活动营地的功能

所谓学生研学旅行活动营地或研学实践教育营地，是指能为一定规模的学生群体在某一区域内开展研学旅行活动提供集中食宿服务、具备组织学生开展团队活动所需条件的相对稳定的校外活动场所。具体来讲，如果把某个区域内若干个研学实践活动的目的地即研学实践活动基地（如博物馆、文化遗址、主题公园等）看作研学旅行线路网络中的"节点"，那么研学旅行营地就是网络上的"枢纽"，若干"节点"（基地）通过研学线路与"枢纽"（营地）连接起来，构成一次研学旅行活动的"路线图"。学生以营地为"根据地"，在营地集体食宿，每天学习时间集中前往周边研学基地开展活动，结束后返回营地用餐或休息，或进行分享、讨论、总结、联欢等集体活动。

符合标准的综合实践基地（如全国示范性综合实践活动基地）一般都有配套齐全的基础设施，可满足大批量（1 000 人左右）学生集中食宿的需求；有基本的医疗保障条件和安全保障措施，能保障师生的人身安全；有专门的管理机构、规范的管理制度和专业化的管理人员队伍，能保障基地良好运行和学生生活、学习的秩序；有较宽敞的各类活动空间，能支持学生在营地内开展分享、讨论、总结、联欢集体活动。可见，综合实践基地一般都具备研学旅行营地的基本功能，能为区域内外的中小学生开展研学旅行活动提供集中食宿等相关服务。不仅如此，综合实践基地本身就是一个研学旅行目的地（研学基地），它拥有各种主题教育场馆、户外拓展活动场所或生态教育资源，有丰富的研学实践活动课程，有专业的活动指导教师队伍，学生在基地内随时可以开展实践活动，因此，综合实践基地的活动课程也可以作为区域内外学生研学内容选择的一个方向。另外，与酒店食宿相比，学生在综合实践基地食宿不仅便于规范管理、确保安全，而且收费低廉，可以减轻一般家庭特别是经济困难家庭的经济负担，确保这部分家庭的孩子能正常参加研学活动。

（三）作为实践教育成果展示与交流的功能

综合实践基地特有的资源条件使得基地在承担区域实践教育成果展示与交流方面具有明显的优势。第一，综合实践基地是区域所有中小学学生实践学习的大课堂，各个学校的学生都在这里展示和锻炼他们的实践能力，每一批学生都在这里留下了他们丰富多彩的实践学习成果，如劳动成果、手工作品、研究报告、视频资料等，基地将这些成果收集并展示，可以展现各个学校学生的精彩，同时也为各个学校之间相互学习以及家长、社会了解基地实践教育提供方便。第二，区域教育行政部门、教研部门或其他有关单位可以利用综合实践基地举办区域中小学实践教育的综合成果或专项成果的展示交流活动。第三，综合实践基地可以主办或承办各级各类学生实践教育成果展或技能比赛，如劳动教育成果展、创客大赛、机器人活动等。第四，综合实践基地是区域外综合实践教育同行和其他相关人员了解本区域综合实践基地建设和中小学实践教育情况的一个窗口。

（四）作为区域综合实践活动课程开发中心、教研中心和教师培训中心的功能

综合实践活动课程开发与实施的过程，事实上也是教师开展行动研究和获得专业成长的过程。综合实践基地作为专门开发实施综合实践活动的校外教育场所，它在整合区域综合实践活动课程开发、实践教育教学研究和教师培训等功能方面具有显著优势。

首先，相对任何一所中小学校、教研中心和教师培训中心，综合实践基地的实践活动课程资源最丰富、专任实践活动指导教师最集中、实践活动形式最多样、实践教育对象人数最多且覆盖面最广，因此，综合实践基地的课程开发，对区域内中小学校的实践活动课程开发具有示范、引领和指导作用。其次，综合实践基地拥有丰富而生动的实践活动教学现场，有区域综合实践活动指导教师的骨干力量，有各个学校学生在此开展实践活动的基本信息和典型案例，这些都是开展综合实践活动教学研究的重要条件。再次，实践基地具备教师培训所需的功能场所和较好的食宿条件等，综合实践基地最适合充当区域综合实践活动和指导教师培训中心的角色。

总之，区域教育科研部门、教师培训机构等应与综合实践基地紧密合作，充分发挥综合实践基地的资源优势，将其打造成区域综合实践活动课程开发中心、教研中心和教师培训中心，积极开展综合实践活动课程开发经验交流、实践教育教研活动、实践教师技能比赛和实践教育师资培训等活动，促进综合实践教师专业发展和区域内中小学综合实践活动的常态化开展。

（五）促进地方经济和文化发展的功能

基于地方特色产业、传统文化、人文景观或自然资源的综合实践活动是青少年综合实践基地课程开发的基本方向，也是其特色发展的有效途径。青少年综合实践基地与当地特色产业企业和文化旅游部门（机构）合作，共同开发、实施当地特色产业类或地方文化类实践活动项目，不仅可以在青少年教育方面发挥各自的资源优势，形成教育合力，而且还可以借助实践基地这个特殊的平台，扩大地方特色产品和地方文化的影响力，为当地经济发展和地方文化传承、创新做出贡献。例如，青少年综合实践基地与地方特色产业合作，在基地内建立地方特色产品体验探究馆或与有关文化部门合作在基地建立地方文化体验馆，不仅可以深化学生对课堂所学知识的理解，增进其对地方特色产业或传统文化的认识，还能够引起学生对地方传统文化的兴趣，有利于传统文化的传承。与此同时，学生在青少年实践基地参加有关地方特色产业或传统文化类的实践活动，可以激发他们学习相关职业技能（如酿酒、陶艺、木艺、雕刻、刺绣、种植、养殖等）的兴趣和志向，甚至影响他们的职业生涯规划，为他们将来就业、创业奠定基础。这不仅有利于促进地方经济的繁荣，也有利于促进地方文化的传承与创新。

第二节　青少年综合实践基地的类型与优势

一、青少年综合实践基地的类型

综合实践基地按不同标准，可划分为多种类型。

（一）按活动内容，可分为综合型实践基地和专项型实践基地

1. 综合型实践基地

综合型实践基地围绕素质教育，以培养学生的社会责任感、创新精神和实践能力为核心，一般开展生存体验、素质拓展、科学实践、专题教育等多模块、多主题、多项目的实践活动。例如，"生存体验"模块包括生活技能训练、野外生存体验、紧急救护训练、防灾减灾演练、手工技艺体验、农业劳

动实践、工业劳动实践、职业生活体验、社区服务实践等多个主题；"素质拓展"模块包括军事训练、体能拓展、竞技比赛、趣味游戏、文化娱乐等主题；"科学实践"模块包括科学探究、设计制作、科学与艺术、科技教育等主题；"专题教育"包括国情省情教育、革命传统教育、传统美德教育、民主与法制教育、禁毒教育、心理健康教育、国防教育、环境教育、民族民俗文化教育等活动主题。上述每个主题之下又有若干个活动项目。一般综合型实践基地的占地面积和学生容量较大（占地90亩以上，可同时容纳1 000名以上学生开展活动），场馆、场所和配套设施齐全，师资队伍结构较完整。20世纪90年代以后，全国各地建立的"中小学德育基地""未成年人社会实践基地""青少年素质教育基地"和"十二五"期间教育部、财政部利用中央彩票公益金支持建立的150家示范性综合实践基地均属于综合型综合实践基地。

2. 专项型实践基地

该类基地的活动内容比较单一，主要是关于某个专题的实践教育基地，如学工基地、学农基地、国防教育基地、法制教育基地、禁毒教育基地、自然教育基地、拓展培训基地、交通安全培训基地、消防安全培训基地、红色文化教育基地、地方传统文化教育基地、创客教育基地等。这类基地可以专门建设，也可以将有关社会单位的资源整合利用，组织学生前往开展相关主题教育，如各级博物馆、纪念馆、展览馆、烈士陵园等单位都可作为专项实践基地。2011年前后教育部联合相关部委利用公共机构、公共设施、国有企事业单位等社会资源建立的一批质量教育基地、节水教育基地、档案教育基地、中华传统文化教育基地、革命传统教育基地、法制教育基地、科技教育基地、文化艺术教育基地、国防教育基地、保护环境和节约能源资源教育基地、安全健康教育基地等实践基地均属于专项实践基地。还有一些个人、企业或社会组织建立的特色活动营地，如滑雪营地、帆船营地、独木舟营地、艺术营地、创客体验中心、手工坊等，也都可看作专项实践基地。

（二）按投资管理主体，可分为公办实践基地、民办实践基地和民办公助实践基地

1. 公办实践基地

公办实践基地一般是指由地方政府部门批准成立的公益性事业单位，

具有合法的办学资格，有相应的机构设置和一定数量的人员编制，基地的建设经费、办公经费和在编人员工资等均由政府财政拨付，基地的教学和管理行为均属于政府行为。公办实践基地的优势在于有相对优质的办学条件和稳定的经费来源，可保障基地正常运行，教师队伍比较稳定，实践教学及管理相对规范；其不足在于缺乏灵活的办学机制和激励机制，缺乏应有的办学活力。

2. 民办实践基地

民办实践基地是由非政府主体自发创办的，投资主体为个人、企业或其他社会组织，是由政府工商管理部门或民政部批准成立的自负盈亏的民办实践教育机构，其办学行为一般属于非政府行为和市场行为。民办实践基地的优势在于其灵活的办学机制和激励机制，有利于调动基地人员的工作积极性；其不足在于财政压力较大，基地的基本建设投入有限。由于没有正式编制且无职称晋升通道，所以在招聘人才方面往往不具优势，造成师资队伍整体层次较低且缺乏稳定性，基地课程开发与实施的规范性、科学性也因此受限。

3. 民办公助实践基地

鉴于公办实践基地和民办实践基地各有优势和不足，一些地区已经开始探索政府与个人、企业或社会组织合作建立（运行）综合实践基地的路径。这类基地有两种。

一种是由个人或企业出资建立实践基地并负责运营，教育行政部门对其进行评估，评估达标的可作为本区域中小学生综合实践基地予以认定、挂牌，并给予政策支持，统筹安排学生到基地开展实践活动，并负责督导和监管。广东省惠州市伟鸿教育投资有限公司创办的惠州市惠城区中小学生综合实践活动教育基地和惠州市惠阳区中小学生综合实践活动教育基地就属于这一模式。

另一种是由政府投资建好基地（资产属国家所有），然后通过购买服务，引入具有良好资质的教育企业或社会组织，按民办基地机制进行运营，教育行政部门负责监管，并统筹安排学生到基地开展实践教育活动。山东省临沂市示范性综合实践基地从2019年开始采用这一模式运营。实践证明，这两种方式都可以实现公办基地和民办基地各自优势的相互补充。

（三）按基地的功能定位，可分为专用实践基地和兼用实践基地

1. 专用实践基地

专用实践基地是指具有独立的法人资格，专门面向中小学生开发、实施综合实践活动课程的校外教育活动场所。专用实践基地一般都具有一定的规模，有专门的综合实践活动指导教师队伍和管理团队，机构设置健全；有专门用于实践教育的各类主题教育场馆（体验馆）和较为丰富的实践活动课程等。20世纪90年代以来创办的公办综合实践基地一般都属于专用实践基地。

2. 兼用实践基地

综合实践基地是指具有独立的法人资格的有关社会资源单位，其基本功能并不是面向中小学生开发、实施综合实践活动，而是教育部门、学校或其他教育机构与其联合，整合利用其有关资源开展综合实践活动。例如，从2011年开始，教育部联合相关部委利用各部委下属资源单位建立的有关主题教育社会实践基地（如节水教育基地、档案教育基地、质量教育基地、环境教育基地等），这些社会资源单位（水厂、档案馆、制造企业、污水处理厂等）就属于兼用实践基地。其他如博物馆、主题公园、生态公园、农科中心、文化遗址公园（文化街）等社会资源单位都可作为教育实践基地组织学生前往开展主题教育实践活动。

如未特别说明，本书所述综合实践基地，主要指公办、专用、综合型的综合实践基地。

二、青少年综合实践基地的育人优势

中小学生参加实践活动的途径十分广泛，内容和形式也多种多样。就空间而言，学生既可以在校内参加实践活动，也可以在校外参加实践活动；就活动内容、形式而言，校内实践活动如各类科学实验、科技实践活动、勤工俭学活动、手工制作活动、校内义工活动以及实践性的社团活动等。校外实践活动包括到综合实践基地开展活动，到工厂做工，到农村参加生产劳动或开展农村社会情况调查，到社区敬老院为老人提供服务，到博物馆参观，到科技馆进行科技探究，到野外森林进行生存训练或自然观察，等等。但是，无论是与学校相比，还是与工厂、农村、博物馆、科技馆、森林公园等校外实践活动场所相比，综合实践基地在组织学生开展实践活动方面都具有明显优势。

（一）丰富多样的实践教育资源优势

综合实践基地作为区域中小学生集中开展实践活动的基础性场所，一般都拥有比较丰富的实践教育资源，如各种互动体验式主题教育场馆（国防教育馆、法制教育馆、禁毒教育馆、环境教育馆、安全教育馆、科技探究馆、创客体验中心、地方特色文化教育馆等）、各类创意工作坊（如创客活动中心、陶艺体验室、木艺体验室、丝网花制作室、烹饪教室、烘焙教室、茶艺教室等）和各种户外活动场所（拓展训练场地、军事训练场、"三防"训练场、农业劳动园地、生态教育园等），这些实践教育资源是一般中小学或其他校外教育机构所不具备的。另外，一些位于自然生态资源、地方文化资源或社会场馆资源相对丰富区域的综合实践基地，还可以通过建立一定的协调机制，将周边生态资源、文化资源和社会场馆资源等整合到实践基地中加以利用，从而进一步丰富基地的课程资源。

综合实践基地课程资源的丰富性和多样性为打造丰富、多样的实践活动课程奠定了基础，而丰富、多样的实践活动课程为学生的实践学习提供了更多选择，这正符合综合实践活动课程所倡导的个性化学习的理念。因此，通过建立综合实践基地，使基地资源为区域内中小学生所共享，可以有效解决校内实践教育资源不足和实践活动课程单调的问题。

（二）专业化的实践教育师资优势

综合实践活动课程是一种全新的课程类型，其教学目标、教学方式及教学评价等都与传统的学科课程不同，因此对教师的专业素养提出了较大的挑战。首先是教学目标的挑战。传统学科教学的目标主要是掌握知识与技能这一目标，而综合实践活动课教学要求实现三维目标，即知识与能力（知识、探究与创新能力、独立思考能力、操作能力、组织与管理能力等）、过程与方法（观察与实验的方法、收集处理信息的方法、表述和交流的方法等）、情感态度价值观（责任、参与、合作、发展、科学精神等），尤其强调情感、态度、价值观目标的达成。显然，综合实践活动课要求教师在课程设计和实施过程中要关注多维目标要求，教学难度更大。其次是教学（学习）方式的挑战。传统的学科教学主要是讲授式教学，学生的学习是接受学习，而综合实践活动课教学是实践性教学或活动教学，学生的学习是体验学习，学生是学习的主体，他们主动探究、操作、训练，这种教学（学习）对教师的教学设计能力、学习指导能力和活动过程的管理能力等都提出了更高的要求，教师不仅要具备一般的教育理论素养和教学技能，还要具备实践教育、活动课教学理论素养和指导学生进行体验性学习、研究性学习的能力。再次是课程开发对教师提出的挑战。综合实践活动一般没有现成的教材，需要教师、相关人员和学生等一道共同开发。最后是课程评价对教师提出的挑战。传统的学科教学评价主要是终结性评价和量化评价，且评价主体单一，教师是评价的决定者，而综合实践活动课程评价强调过程评价和质性评价，评价主体和评价方式多元，学生本人和同伴也参与评价，相比传统的量化（考试）评价，综合实践活动的评价过程更为复杂。

上述诸多挑战要求中小学综合实践活动课教师必须实现角色转变，即由过去的知识权威和教育者的角色转变为实践者、活动课程的开发者（设计者）以及活动的组织者、指导者、促进者和评价者，同时要具备与上述角色相适应的素质和能力。但是，由于我国中小学规范化、科学化的实践教育起步较晚，加上师范院校有关实践活动指导教师培养的专业设置或相关课程设置严重滞后，目前中小学和一般校外教育机构的教师中能够胜任综合实践活动课程开发和活动指导的专业教师少之又少。但是，综合实践基地建立以来，特别是"十二五"期间一大批全国示范性综合实践基地建立以来，由各地各级教育行政部门、教育科研部门或专业协会组织的针对综合实践基地管理者和活动指导教师的专业培训蓬勃开展，一大批实践活动指导教师通过培训和岗位历练迅速成长起来，成为综合实践活动课程开发与实施的中坚力量。

（三）开展实践活动的时空优势

从时间上讲，综合实践基地一般都是集中在一个时间段（1～7天）安排某个或几个学校整个年级（或部分班级）学生到基地开展实践活动，这种集中、连续的时间安排更方便学校的教学管理和活动组织。

从空间上讲，综合实践基地一般都远离闹市区，有些综合实践基地建在具有丰富生态资源的自然环境中，学生在这种相对独立的空间和独特的情境中生活、学习，有利于他们排除各种干扰，沉浸于各种实践活动和体验之中，有利于他们的深度学习和强化训练；也有利于培养他们的独立生活能力和人际交往能力。

（四）实践活动组织与管理的优势

组织学生参加校外实践活动是一项复杂的系统工程，从活动过程来讲，一般要经历活动策划、活动准备、活动实施（乘车前往活动点、具体开展实践活动）、活动分享与总结以及乘车返回等多个环节，每个环节又包括若干不同的任务；从相关主体来讲，涉及学校、家庭、有关社会资源单位（或实践基地）等多个主体，不同主体承担不同的责任；从组织管理的内容来讲，包括策划与准备工作、活动组织、实践活动指导、安全管理、交通管理等；从活动影响因素来讲，包括许多难以预测和控制的因素，如何营造和维持一种体验性的学习环境，确保学生在校外特定的环境中，既能主动积极地参与各项实践活动，按时完成活动任务，有效实现活动目标，又能在活动过程中严格遵守活动规则和活动纪律，确保活动顺利实施和活动安全，科学而规范的活动组织与管理就显得尤为重要。综合实践基地作为专门从事实践教育的机构，一般都拥有一支经过长期培训和实践锻炼成长起来的专业化的活动指导师资队伍和管理团队，相对普通中小学和其他校外活动场所的教师和工作人员，实践基地教师在实践活动课程设计以及活动的计划、组织、指导还有安全管理等方面往往更有经验、更有办法，也更能保障实践活动教育目标和安全管理目标的达成。

第三节 青少年综合实践基地与学校教育的关系

相对学校而言，在综合实践基地开展的教育教学活动属于校外教育，与学校教育的关系是校外教育与校内教育的关系，是活动课程与学科课程的关系，二者既具有共同的教育对象和教育目标，又在教育内容、教育环境和教育方式等方面存在显著差异，是相互衔接、相互补充、相互促进的关系，是基础教育不可缺少的组成部分。

一、活动课程与学科课程的关系

学科课程与活动课程是学校教育中两种基本的课程类型。学科课程也被称为分科课程，主张从相应科学领域中选取知识，根据教育教学需要进行分科编排和分科教学。活动课程亦称经验课程、儿童中心课程，是与学科课程相对的课程类型，它以儿童从事某种活动的兴趣和动机为中心组织课程。学科课程和活动课程在知识观、教育观、课程价值、知识类型、课程形态、课程组织、课程实施、课程环境、教学方式和学习评价等方面存在差异。

1. 知识观

学科课程基于旁观者知识观，即主张知识是反映事物本质的"简单规则"，是客观的和绝对的，与个人的情感、经验和环境无关，学习者只能接受而不能有个性化的理解和发挥，更不能改变。实践活动课程基于参与者知识观，即认为知识是在作为认知主体的人在参与活动的过程中与周围环境相互作用而产生的，与个人的情感、经验和环境密切相关，因而是相对的。

2. 教育观

学科课程的教育观认为当前知识的学习是为未来生活做准备，而实践活动课程的教育观认为学习（活动）即生活本身。

3. 课程价值

学科课程基于知识本位，主要向学生传递人类长期创造和积累起来的知识精华，而实践活动课程基于经验本位、儿童本位、能力本位，主要让学生通过亲历活动获得个性化的体验和感悟，即直接经验。

4. 知识类型

学科课程主要是学术性知识、公共知识，实践活动课程的知识类型是经验性知识和个性化知识。

5. 课程形态

大部分学科课程属于分科课程，而实践活动课程是综合课程。

6. 课程组织

学科课程按照学科知识固有的内在逻辑组织课程，而实践活动课程则按照学生的心理发展的顺序组织课程。

7. 课程实施

学科课程注重课程实施的结果，而实践活动课程既关注结果，更注重活动的过程。

8. 课程环境

学科课程主要在学校教室或实验室等室内空间环境中进行，而实践活动课程的教学空间一般在各类场馆、户外场所、实践基地、大自然、社区、工厂、农村、企业等广阔的空间，甚至可以是一切自然环境和社会生活空间中进行。

9. 教学方式

学科课程主要采用教师讲解提问、学生静听回答的接受式学习方式，强调教师的教导与控制，而实践活动课程主要采用学生自主参与的操作、制作、参观、考察、访问、实验、表演、游戏、职业体验等体验学习方式，教师是学习的组织者和指导者。

10. 学习评价

学科课程强调终结性评价和量化评价，侧重考查书本知识学习的结果；而实践活动课程重视过程性评价和质性评价，侧重考查学生在学习过程中的态度、情感、行为表现及价值生成情况等。

学科课程和活动课程在促进人的发展方面各有价值，也各有其局限性。学科课程的价值在于学习前人所积累的知识精华，注重知识的系统性和逻辑严密性，从而有利于学生掌握系统、扎实的科学知识，有利于培养学生的逻辑思维能力。但是，其局限性在于学习过程脱离知识产生的背景及其与现实世界的联系，缺乏不同学科知识之间的贯通与融合，因而不利于学生理解知识的意义，不利于激发学生的学习兴趣和学习热情，不利于培养学生综合运用知识解决实际问题的能力。由于学科课程的学习方式主要是接受学习，这种学习方式不利于学生主体性的发挥和创造性思维的培养。而与之相对应的是，活动课程的价值在于将学习置于知识所蕴含的情境之中，学生以问题或任务为导向，在亲历活动（情境）的过程中通过探究、体验发现新知或理解书本知识的意蕴，这有利于学生获得对现实世界的完整认识，有利于培养学生的情感、态度、价值观以及批判性思维能力、创新思维能力和实践能力等。但是，其不足之处在于缺乏严格的学习计划，不易使学生掌握系统的科学知识。在教育教学过程中，如果活动策划或组织不当，学生的实践活动容易流于形式。

由此可见，学科课程和活动课程都服从于学校整体的教育目标，都是基础教育课程体系中不可缺少的组成部分，二者是彼此衔接、相互补充、相互促进的关系。

二、基地综合实践活动与学校综合实践活动的关系

对青少年而言，基地开展的综合实践活动与学校开展的综合实践活动密不可分，两者之间存在以下关系。

（一）基地综合实践活动是学校综合实践活动课程体系的组成部分

学校综合实践活动课程的内容十分丰富，活动形式多样，活动的空间范围极其广泛。就内容来讲，可谓包罗万象，凡是反映人与自然、人与他人（社会）、人与自我关系的主题都是综合实践活动主题选择的范围。从活动方式来讲，考察探究（研究性学习）、社会服务与社会实践、设计制作、职业体验、团队活动等都是综合实践活动的常见形式。就空间范围来讲，综合实践活动可以在校内进行，也可以在校外进行；校外实践活动空间可以是社区、博物馆、主题公园、生态公园、有关企事业单位、部队、工厂、农村等场所或区域，也可以是大专院校、综合实践基地（营地）等各种场所。可见，综合实践基地是学校综合实践活动课可选择的空间之一，但不是唯一，所以，综合实践基地的实践活动是学校综合实践活动课程的重要组成部分，基地综合实践活动与校内综合实践活动具有共同的理念、共同的目标和共同的要求，只是活动的主题内容各有侧重。

（二）基地实践教育弥补了校内和其他校外活动场所实践教育的不足

综合实践基地是专门开发、实施综合实践活动课程的青少年校外活动场所，相对学校和其他校外活动场所，基地同时具备实践教育资源（课程）优势、专业化的师资优势、时空（环境）优势和组织管理优势等，许多实践活动如安全教育、军训与国防教育、禁毒教育、劳动（劳技）教

育、自然探究、素质拓展等，因校内条件限制，只能在实践基地或其他社会有关场所进行。相比其他社会有关场所，综合实践基地的综合优势使学生开展实践活动效率高，便于教学计划安排和活动管理。

当然，基地的实践活动也存在一定的局限性，如人数多、活动时间短，同时由于活动项目、活动场地和指导教师有限，所以在活动项目选择上难以满足每个学生自主选择的需要，也较难对每一个学生进行客观、准确的评价。另外，那些需要活动时间较长（一周以上）的研究性学习项目，在综合实践基地难以开展。而上述实践基地的不足，正是学校在校内或其他校外场所可以弥补的。因此，基地综合实践活动与校内和其他校外活动场所的实践教育是一种互补的关系。

（三）基地实践活动要与学校教育有效衔接

综合实践基地教育是中小学教育的组成部分，它与学校的德育工作、学科教学和校内综合实践活动密切相关，其价值在于弥补学校学科教学的局限和因资源条件限制在实践教育方面存在的不足，与学校共同实施全面素质教育，因此，基地实践教育要与学校教育有效衔接。

1. 基地综合实践活动要与学校德育工作有效衔接

一方面基地的首要任务是贯彻新时代中小学立德树人的各项要求，培养德智体美劳全面发展的社会主义建设者和接班人，为学生的人生幸福奠基；另一方面，实践活动是加强德育实践环节，提高中小学德育工作实效性的重要途径。因此，基地的建设与管理，特别是基地综合实践活动课程的开发与实施，都要注意与学校德育工作的对接，适应学校德育工作的需要，弥补学校德育实践性不足。

2. 基地综合实践活动要与学校学科课程有效衔接

虽然综合实践活动课程在基础教育课程体系中与各学科课程并列设置，且设置综合实践活动课程的目的是克服不同学科课程之间知识割裂的弊端，但综合实践活动课程并非与学科知识割裂。恰恰相反，综合实践活动强调与学科知识对接，强调理论与实践结合、动手与动脑结合，其"综合性"正是强调跨学科学习，即强调学生综合运用各学科知识认识分析和解决现实问题，提升综合素质。因此，基地在开发和实施活动项目时要注意以问题为导向，在问题中渗透有关学科知识，让学生在解决问题的过程中验证学科知识，贯通学科知识，拓展学科知识，培养学生的思维能力和实践能力。例如，综合实践活动的项目学习，就是融合了科学、技术、工程、艺术和数学等学科知识的跨学科学习项目。

3. 基地综合实践活动与校内综合实践活动有效衔接

基地综合实践活动是学校综合实践活动课程体系的组成部分，但不是学校综合实践活动课程的全部，只是学校因校内资源条件限制难以开展而选择在校外活动场所进行的一部分活动项目。校外实践活动场所除了综合实践基地，还有博物馆、科技馆、主题公园、生态公园、工厂、农村、社区等各种场所。因此，基地在进行实践活动课程开发时应注意选择那些中小学生素质发展需要的、在基地开展更为方便、有效且与校内实践活动和其他校外活动场所的活动具有互补性的项目。

第四章
青少年综合实践基地的建设现状

　　当前，我国青少年综合实践基地的建设主体多以政府财政投入为主，社会力量投入为辅。一是可以保证综合实践基地的建设质量，为区域内不同学校的学生提供同等优质的教育资源，有利于教育公平，也使区域综合实践课程的实施质量有了保证。二是政府主导的建设模式能够有效整合社会资源，避免资源的重复投入和浪费。通过集中力量建设和运营综合实践基地，可以提供更加专业和多样化的实践活动，满足不同学生的学习需求。三是可以将中小学从综合实践课程的实施中解脱出来。由于综合实践课程的实施对师资、场地和设施设备要求很高，学校独立实施很困难，质量也无法保证，各地建设的青少年综合实践基地可以很好地解决中小学面临的这一难题。

　　但是，随着文教体旅融合的不断推进，以政府财政投入建设的青少年综合实践基地在运营机制上表现出越来越不适应研学旅行、劳动教育等新要求和新期待的问题。在这种情况下，一些地区围绕青少年综合实践基地的运营模式，实施了一系列改革措施，基本形成了公办直管模式、民办自营模式和公办托管模式等三种主要的管理运营模式。公办托管模式是一种新兴的模式，政府仍然负责基地的投资和建设，但将其运营管理委托给专业的第三方机构。这种模式结合了公办直管和民办自营的优势，既保持了基地的公益性质，又引入了市场化的管理机制，提高了运营效率和服务质量。通过这种模式，实践基地能够更加灵活地响应教育新要求，更好地满足学生和学校的需求，同时也为实践基地的可持续发展提供了新的动力。因而，公办托管模式越来越具有改革的方向性和改革的代表性。

第一节　青少年综合实践基地的管理模式

当前，青少年综合实践基地的管理模式主要有三类：公办直管基地、民办自管基地和公办托管基地。这三类青少年综合实践基地各有特点，呈现出鲜明的时代特色。

一、公办直管模式的青少年综合实践基地的管理模式

（一）公办直管模式的基本特征

"场所公益化，运营学校化"是公办直管模式的基本特征。各地市的青少年综合实践基地均隶属于当地教育（教体）局，定性为"中小学校"，属公益一类或二类事业单位。基地的教职员工纳入教师编制，工资待遇由财政全额负担，职称评聘纳入中小学教师系列，和各地中小学一同管理。

各地市的青少年实践基地在管理架构上大体一致，一般分为以下几个管理层级：最上层是基地书记、校长（主任）等校领导班子成员；之下设立综合协调部、实践指导部、安全管理部和后勤保障部等中层职能处室，分管教学、科研及学生管理等职责；再下一个层级设立教研组（备课组），教研组内包含数量不等的学科及学科教师。管理职责一般也是按照这种层级来确定。当然，完全按照中小学管理层级设定管理框架的基地也不在少数。

一般而言，各地市的教育行政部门并没有针对青少年综合实践基地的明确管理要求，实践基地在管理上主要依靠自身建立的各种制度来进行，主要包括教学管理的相关制度、安全管理制度、财务管理制度、绩效考核制度等。

（二）公办直管模式的主要成效

公办直管模式是当前青少年综合实践基地的主要运营模式。这类基地在承担中小学生综合实践活动方面做出了突出贡献。以日照市青少年综合实践基地为例，该基地每年承担日照市区范围内25所约13 000名初一学生的综合实践活动。每期活动600人左右，时间为期一周。每位学生在校需完成"生存体

验、素质拓展、科学实践和主题教育"4大类16个活动项目。

生存体验类课程通过体验与实践，让学生了解自身成长特点，树立正确的生命安全和健康意识，掌握基本的生活和生存技能，学会使用一些基本工具，培养学生初步的技术素养。活动项目主要包括陶艺泥塑、茶艺、电烙画、烹饪体验、卫生保健、模拟驾驶、编制等。

素质拓展类课程通过实践互动锻炼学生的体力、毅力，培养学生挑战自我的勇气和信心以及相互合作的团队精神，展示学生的艺术才能，丰富学生的文化生活，为学生的终身发展奠定基础。活动项目主要包括青少年百米障碍、攀爬游乐、场地拓展训练、高空拓展训练、中低空拓展训练、勇气之路项目、艺术鉴赏、创意模型、真人CS、益智游戏、多米诺骨牌等。

科学实践类课程指导学生走进自然，增进对自然的了解与认识；认知和了解科学与技术的应用，激发学生的学习兴趣和探究欲望；提高学生应用学科知识发现问题、解决问题的能力。活动项目主要包括NDA纳米检测、化学探究、航模制作、趣味电子、机器人、摄影艺术、无线电测向、科技教育、水质检测等。

主题教育类课程通过开展各种内容的主题教育，培养学生的爱国意识、道德意识、责任意识，培养学生乐观向上的心理品质。学生通过欣赏民间艺术，学会简单特色手工艺品的制作，增加学生对民族文化的认同与了解。活动项目主要包括海洋科技体验、交通体验、消防体验、科技教育、地震体验、环保科普、传统文化、文明礼仪、服饰工艺、心理健康体验、科学理财、性格塑造、禁毒教育、法治教育、太空农业研学旅行、国防教育等。

可以说，以上课程参照2013年11月5日教育部印发的《示范性综合实践基地实践活动指南（试行）》进行设计，内容充实、流程清晰、方式多样，学生在亲身体验和直接参与中，锤炼了道德品质，增强了团队精神，提升了实践能力。

（三）公办直管模式的主要问题

当前，公办直管模式是青少年综合实践基地的主流管理模式。就当前全国150家示范性综合实践基地而言，绝大多数采取的是该模式。该模式主要存在以下问题。

1. 基地运营的机制需要优化

运营机制包括各种运营管理结构、方法和手段。对青少年综合实践基地而言，相对于普通中小学，其课程体系、课程内容、教学安排、授课方式等与之存在较大差异，其运营机制也应该积极适应这种差异，但现行的运营机制并未能有效支持这一特殊需求。但实际上，基地的管理组织结构与普通中小学存在同质化现象：各地的教育行政部门大多把基地定位为"中小学校"，基地在财政拨款、人员管理和激励机制上遭遇了诸多限制。这种同质化管理忽视了实践基地在资源利用、课程开发和师资激励上的特殊要求。基地的这种性质定位，导致在开展社会化的研学旅行时缺少动力，并且没有收费权力，在节假日（周末、寒暑假）无法正常开展综合实践活动。基地教师除承担周一至周五的日常性教学任务外，节假日授课没有课时费，缺乏在节假日承担教学任务的积极性，久而久之导致基地活力不足。当把基地定位为"中小学校"时，基地的社会性、实践性无法充分彰显，"多劳多得，少劳少得"的激励机制失灵。由此，在节假日，基地除了安排一些临时性的教学任务外，基本上处于"关门"休假状态。

2. 基地教师的自我认同感低

在教师队伍建设上，主要存在教师的业务能力提升机制不完善的问题。然而，在现行体系中，这一环节存在明显的短板。尤其在业务能力提升机制上，不足之处显而易见。首先，职称评聘的标准和流程并未充分考虑到实践基地教师工作的特殊性。实践基地的课程设计往往以项目为导向，注重学生的实际操作和体验学习，与传统中小学的课堂教学有本质区别。这种差异在"优质课"等教学评比中未得到合理体现，导致基地教师在专业成长和职业发展上处于不利地位。其次，队伍建设的资金投入不足，直接影响了教师的专业培训和继续教育。资源配置的不合理不仅限制了教师个人能力的提高，也影响了整个基地教育质量的提升。此外，对基地功能和作用的认识模糊，使得管理人员和教师缺乏必要的自我认同感和使命感，进而影响了工作的积极性和主动性。再次，一些基地在建设初期从各中小学抽调教师的做法也存在问题。这些被抽调的教师的教学能力和对实践教育形式的了解往往有限。因此，当他们进入一个全新的工作环境时，常常面临着较大的挑战，而针对性的培训又不足以帮助他们快速提升自身的教学水平和适应新角色，这也导致一些教师调到基地后出现"躺平"现象。

3.基地资金的保障亟需拓宽

当前，保障基地正常运转的收入来源主要有三项：一是人员的工资收入，由财政全额拨款；二是临时性获批项目收入，如中央专项彩票公益金支持项目；三是参训学生的耗材费。尽管有这些资金来源，但它们各自都存在一定的局限性。全额财政拨款通常只能覆盖人员工资等固定开支，对于教学设施的更新、场地维护、教材开发等变动性支出则力不从心。临时性项目资金虽然可以缓解短期内的资金压力，但由于其不稳定和有限性，难以作为长期财务支持的可靠来源。至于学生的耗材费，往往基于成本价收取，不足以支撑基地的整体运营需求。这种资金短缺的状况直接影响了教学质量，使得基地难以保持课程内容的更新和教学手段的创新。此外，随着时间推移，教学设施的老化和科技的发展要求基地进行持续的技术更新和设施维护，这进一步加剧了资金的压力。在这种情况下，亟需加强对基地的保障性投入，从而促进基地的良性运转。

二、民办自管模式的青少年综合实践基地的管理模式

民办企业是民办自管基地的投资主体。这类基地随着青少年研学旅行的发展而逐渐在全国范围内建设发展起来。

（一）民办自管模式的基本特征

"场所自管化，运营市场化"是民办自管模式的基本特征。近年来，我国民办自营的青少年综合实践教育基地不断增多，并进入了快速发展的"新时代"。民办自营模式就是基地的建设由社会力量投入，投资者或企业根据市场需求和自身资源优势，规划和建设符合研学实践教育营地标准的基地，并由其按市场原则自主运营的基地。该类基地往往以研学实践教育营地的标准进行建设，具有同时满足数百人的住宿、餐饮、开展各类活动的接待能力。民办自营模式的兴起，不仅为学生提供了更多样化的学习选择，也促进了教育产业链的发展。基地的成功运营能够吸引更多的家庭、学校和社会机构参与，形成良性的教育生态圈。同时，这种模式也为地方政府减轻了财政压

力，有助于推动公共教育资源的优化配置。

在运营定位上，民办自管模式的青少年综合实践基地普遍开展综合实践、研学旅行、素质拓展、国防教育、冬夏令营、亲子旅游以及团建培训等相关服务业务。

在运营理念上，民办自管模式的青少年综合实践基地强调"实践点亮智慧、体验助力成长""文明其精神、强健其体魄""认识生命价值、培养生活信仰"等运营理念。

在课程建设上，民办自管模式的青少年综合实践基地以立德树人、培养人才为根本目的，全程贯彻体验式教学理念，集实践性、趣味性、知识性、延展性于一体，时时处处皆体验，点点滴滴是学问，让青少年在活动中感受祖国大好河山，感受中华优秀文化，感受革命光荣历史，感受伟大成就；注重培养青少年动手、动脑和独立生活能力，力争让青少年在研学活动中，研究一门学问，增长一点知识，掌握一些技能，接受一种教育，促进身心健康、体魄强健、意志坚强，把"读万卷书，行万里路"的知行理念延展，把"纸上得来终觉浅，绝知此事要躬行"的实践理念落到实处，促进其形成正确的世界观、人生观和价值观。

（二）民办自管模式的发展状况

以社会力量投资建设的青少年综合实践基地，在运营过程中，以开展青少年研学旅行为核心，以综合实践和劳动教育为拓展，展现了较大的市场活力，取得了突出的发展成就。在这方面，日照1971研学营地具有很好的代表性。

2018年，日照壹玖柒壹文化艺术创意有限公司积极响应中小学生研学旅行工作，在原日照市东港区陈疃镇第二中学的基础上，建设了日照1971研学实践教育营地，并于2019年7月1日正式对外运营。

该营地位于"莓香小镇"——日照市东港区陈疃镇驻地。这里民风淳朴、民俗浓厚，是日照水库的水源地，也是研学资源富集之地。相隔不远的日照水库湿地公园、水库精神记忆馆、红色教育馆以及两万余亩蓝莓园，为拓宽营地研学内涵提供了得天独厚的优越条件。

该营地按照省级研学实践教育营地的标准进行建设，占地面积150余亩，建筑面积16 000平方米，可以满足1 000人同时住宿、餐饮和开展各类活动。

该营地的课程体系以"中小学德育工作指南"为导向，以生命、生存、生活"三生"教育为主线，突出乡土乡情研学，紧紧围绕优秀传统文化、革命传统文化、国防教育、国防科工、自然生态等五大方向进行设计。

对于军事主题课程，其主要设计理念是通过营地内高标准军事器械对学员进行体力与精力的锻炼，令学员学会团队合作，培养不抛弃、不放弃的精神，达到"文明其精神、强健其体魄"的目的。在课程目标上，主要是增强学生间的互动与沟通，磨炼其自信、自律、自强的意志品质；培养学生团队合作、吃苦耐劳、遵守纪律的良好作风；磨炼意志、激发潜能，提升学生单人处置能力和应急反应能力。其主要体验项目是手榴弹讲解及投掷、陆军400米障碍赛、真人CS、射箭等。

对于野外生存主题课程，其主要设计理念是针对中小学生缺乏野外生存常识的现象，开展各项荒野求生的趣味课程，让学生在实际体验过程中了解荒野求生的乐趣，教会学生独立生存的技能，将书本理论知识转化为生活实践体验，提高学生动脑动手的能力。在课程目标上，让学生了解野外垒土灶、生火取水等基本技能；能按要求选择正确的地点搭建、收取帐篷；增强学生体能，提高生活技能，养成健康的心态；培养学生的团队合作意识以及解决问题的能力；提高野外生存技能，树立良好的自信人格。其体验项目主要有垒土灶、钻木取火、安全取水、掏鸟蛋、方向辨识、安营扎寨（帐篷搭建、收纳）等。

对于农耕主题课程，其主要设计理念是针对中小学生对农业常识不足的现象，开展各项趣味课程，让学生在实践过程中体验农业生产者的辛劳，了解农业耕种与传统二十四节气。在课程目标上，让学生对家乡农业概况有初步的了解和认知；能知晓常见农作物的种类；学会珍惜粮食，树立勤俭节约意识。其体验项目主要有采收农产品（时令作物）、整地播种、捉鸡、推碾子、磨豆腐、摊煎饼、农作物识别、识记二十四节气等。

对于法治+科技+手工+茶艺等主题课程，其设计理念是通过营地法治、科技、手工等系列场馆活动，提高研学对象的知识储备，让青少年在寓教于乐中增强法治意识和自我保护意识；学习体验科技前沿知识，萌发创造发明的灵感；提高青少年的动手能力，开发创新思维；开发青少年的兴趣爱好，为未来职业选择做方向引导。在课程目标上，学习了解交通法规、消防常识，学会自救互救；体验科技力量，心中埋下发明创造的种子；动手又动脑，心灵也手巧；了解茶文化、体验茶道、茶礼。其体验项目主要有交通馆、消防馆、科技馆、消防灭火演练、丝网花、编织、创意搭建、茶文化及体验等。

对于红色主题课程，其设计理念是通过课程培养青少年的国防意识，增强国防观念。通过军事体验，对中国人民解放军的性质、宗旨、训练、生活有初步认识和了解，引导青少年爱国家、爱军队、爱人民。在课程目标上，了解中国人民解放军的性质、宗旨；体验军营生活及内务整理；了解体验红军长征的艰难险阻；体验军事训练科目。其体验项目主要有叠军被、过草地、穿越电网、战地救护、野外生存、陆军400米障碍、手榴弹投掷、丛林CS、拉练等。

对于美丽乡村主题课程，其设计理念是让学生了解我国社会主义新农村建设、美丽乡村建设的意义，见证特色乡镇和美丽乡村建设的实际发展历程，认识保护生态环境的重要性。在课程目标上，主要是了解美丽乡村建设的意义以及乡村振兴战略的规划及背景；通过自然生态观测，认识掌握集中鸟类的习性、特征，了解环境保护的具体措施；让学生懂得敬畏自然、保护自然、爱护自然。其主要体验项目有日照水库记忆馆、湿地观鸟、水库自然观测、走进新农村、参观公路驿站、赶大集、采摘农产品等。

对于太阳文化主题课程，其设计理念是让青少年继承历史传统，弘扬太阳文化的同时，让其带着好奇心去探究、感受、发现海洋的无限魅力，了解海洋生物、丰富海洋知识。在课程目标上，主要有学习了解太阳文化；赶海拾贝，了解海洋生物，丰富海洋知识；走进东夷小镇，感受东夷文化内涵；培养团队决策与统筹意识，团队合作意识；提高执行力，加强应急反应能力。其主要体验项目有天台山祈福、万平口观光、赶海拾贝、畅游海洋公园、探秘东夷小镇等。

对于蓝色海滨主题课程，其设计理念是增强青少年的海洋保护意识。其课程目标是让学生识别海洋生物的种类（贝鱼虾）；了解海洋发展历史，知道我国海洋生物的种类、数量；认知海洋生态环境的重要性，了解海洋污染的现状；增强动手动脑意识，激发其艺术创作天赋；增强青少年的海洋意识。主要体验项目有丛林探险、探索蓝色海洋、赶海拾贝、天然氧吧无限畅享、沙滩露营、夜观星月、看日出、贝壳手工画、手工制作、篝火晚会、海洋知识大赛等。

从以上课程设置中可以看出，民办自营模式的青少年综合实践基地能够充分整合地方各类综合实践、研学旅行和劳动教育资源，有针对性地开设有关课程。

三、公办托管基地的管理模式

托管模式作为一种新兴的青少年综合实践基地管理机制，既体现了政府对公共教育资源的把控和监督，又充分利用了市场主体在运营上的灵活性和创新性。在这种模式下，教育行政部门将基地委托给具有专业能力的企业或组织进行管理，旨在通过明确双方的权利与义务，实现资源的有效配置和管理的专业化。此模式在有效结合公益性和市场化的优势，确保基地在服务青少年教育的同时，能够保持经营的自主性和可持续性。"场所公益化，运营市场化"是托管模式的基本特征。

（一）公办基地的托管化改革悄然兴起

截至2023年12月30日，通过对全国示范性综合实践基地进行整体性、针对性调查发现，自2017年以来，全国示范性综合实践基地已经先后有24家已完成或正在推进托管化改革事宜，占全国示范性综合实践基地的比例为16.1%，相关改革趋势已经清晰可见。

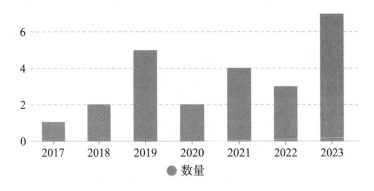

图4-1 全国示范性综合实践基地托管化改革情况

从图4-1中可以看出，2017年青少年综合实践基地托管化改革的"元年"。2023年有7家青少年综合实践基地已经完成或正在推进托管化改革，相关改革的趋势已经形成。

（二）公办基地托管改革的主要优势

总体而言，青少年综合实践基地的托管化改革是一个新事物。综合现有实施托管化改革的基地运行现状而言，托管模式主要有以下优势。

1. 能够减轻财政负担

据初步测算，实施托管模式能有效减轻地方政府的财政压力。通过优化人员配置，将原有教职工队伍中愿意转型的成员重新分配至中小学，既满足了教育一线的需求，又可以缩减基地运营成本。留守基地的工作人员可以通过绩效奖励机制来提高其工作积极性，而这样的经费支出相比全额工资来说大幅降低，从而节省了总体的财政开支。这种改革不仅符合教育部关于加强实践活动师资配置的要求，而且通过合理的资源调配，避免了因增加编制导致财政负担倍增的问题，实现了经济效益和社会效益的双赢。

2. 能够促进综合实践基地提质增效

研究发现，凡是推行托管化改革的地区，通过实行招商引资、招才引智的"双招双引"政策，均较为出色地完成了基地教学任务，并有效推动了资源共享和区域合作。这些基地在正常教学周内，一方面负责接收教育部门统一组织的本区域中小学生的综合实践活动，开展公益性的综合实践活动；另一方面，还在周末或寒暑假等节假日，本着市场化原则，组织开展市场化的综合实践、研学旅行、劳动教育等教育活动，实现了"机制活，基地活"。滁州综合实践基地就是托管模式成功实践的典范。2019年12月14日《中国教育报》的报道指出，滁州基地"在坚持公益性、普惠性、全覆盖性的原则下，以政府购买服务方式外聘专业教育团队，花最少的钱办最好的事"，实现了高效运营和优质服务。这种模式不仅节约了成本，还提高了服务的专业性和高效性，得到了社会各界的认可和好评。

（三）公办基地托管化改革的发展趋势

随着教育改革的不断深入，托管化改革作为一种新型管理模式，正成为青少年综合实践基地发展的主流趋势。经考察，山东省临沂市、威海市，安徽省滁州市（临沂市青少年示范性综合实践基地、滁州市青少年综合实践基地都是国家级示范性综合实践基地和国家级示范性研学营地）等地均走上了以托管为主的管理模式，发展活力充足，社会影响力和知名度越来越大。在这种情况下，基地"早改早受益"，并且有利于抓住主导权，下好"先手棋"。针对这一模式的具体操作和深远意义，本书将在第六章进行全面系统的探讨，以期为青少年综合实践基地的管理与发展提供更为科学和高效的路径。

第二节　青少年综合实践基地的主要问题

　　课程意义上的实践教育在我国起步较晚，而作为专门开发与实施中小学校外综合实践活动课程的综合实践基地，更是一个新生事物。到目前为止，综合实践基地在定位与功能方面常常模糊不清，缺乏明确的发展方向和专业特色，师资力量不足，特别是专业化、高素质的实践教育师资匮乏，影响了教育质量和效果，使得其教育潜能未能充分发挥。公开发表或出版的有关综合实践基地建设与管理的研究成果还十分有限，仅有的一些成果也比较零散，基地建设与管理尚缺乏一套系统的理论提供指导，基地教育工作者主要依据各级政府印发的有关文件在实践中摸索，或通过短期培训和相互交流等途径学习借鉴。因此，实践中难免存在一些问题，主要有以下几个方面。

一、各类基地存在的共性问题

（一）综合实践基地的建设发展不平衡

　　一些地方至今尚未建立中小学生综合实践基地，有的地方虽建了基地，但基地建成后生存与发展面临诸多困难，办学基本条件捉襟见肘。其原因在于这些地方的政府有关部门对素质教育和基础教育课程改革认识不到位，尤其对实践教育在青少年成长中的价值和综合实践基地的地位与作用认识不到位，执行不到位，导致综合实践基地建设应有的配套政策和运行机制尚未完全建立。

（二）综合实践基地的建设适配性不强

由于尚没有权威发布的综合实践基地建设标准，许多地方在建设实践基地时主要参照《中小学校建设标准》进行规划设计，缺乏现代场馆设计理念的引领，也没有充分考虑综合实践活动对实践基地空间环境（场馆、场所、场景等）的特殊要求，以致基地的部分建筑特别是教学功能用房，不能较好地满足综合实践活动课程的教学需求，特别是各类主题场馆（场所）或空间狭小，无法适应多样化的教学活动。例如，主题场馆的设计建设没有充分考虑到综合实践活动的特点，导致许多场馆建成后难以支持实践活动的有效开展；或者在设计建设方面缺乏情境性、参与性、互动性和体验性，难以体现综合实践活动课程的特点，许多场馆建成后因不能较好地支持实践活动的有效开展而成为摆设，既影响功能发挥，又造成资源浪费。

（三）综合实践基地教师队伍整体素质不高

鉴于综合实践活动课程的性质、特点，综合实践活动指导教师不仅要具备一定的专业背景和中小学教师的一般素质，还应具备胜任综合实践活动指导的特殊素养（如活动课程开发、实施与管理的素养等），但客观上具备这种素质的教师资源仍然很少。其原因有三：首先是师范教育体系中缺乏对此类教师专业素养的培养。大多数师范院校未开设针对综合实践活动的教学方法课程，使得准教师们缺乏必要的专业准备和教学技能训练。由于综合实践活动的特殊性，如户外教学和跨学科协作等，教师不仅要拥有理论知识，还需具备相应的实践经验和管理能力，这进一步加大了培养难度。其次，教师职业吸引力不足也是导致优秀教师短缺的重要因素。受编制限制、职称评定标准以及相对较低的薪酬待遇等因素影响，许多有能力的教师可能会选择其他更有吸引力的职业道路，加之基地教师工作辛苦（户外活动较多）、教学挑战性较大，所以综合实践基地在招聘优秀教师方面并不具备显著优势。再次，由于缺乏明确定义的综合实践基地教师专业标准，教师培训目标不清晰，导致教师在自主追求专业发展时方向模糊。没有明确的成长路径和专业提升指导，教师难以系统性地提高自己的教学水平和专业素养。

（四）综合实践基地教育科研有待加强

综合实践基地的育人方式主要是活动育人或实践育人，它区别于学校的学科教学，综合实践基地工作者只有全面、深刻地把握这些特点和规律，并以活动课程理论、实践教育理论和组织管理理论为指导，才能不断提升基地建设与管理的水平，从而提升基地教育的有效性。而加强基地教育科研，正是促进基地工作者深入学习实践教育科学理论、认识基地教育特点与规律、提升教师专业素养以及正确把握基地建设与管理方向的重要途径。但是，目前大多数综合实践基地对教育科研重视不够，教师参与教育科研的积极性不高，教育科研的氛围不浓，水平较低，有价值的研究成果还比较匮乏。加大对综合实践基地教育科研的支持力度，鼓励教师积极参与教育科研工作，提高教育科研的氛围和水平，已迫在眉睫。

二、不同基地存在的突出问题

（一）公办直管基地存在的突出问题

1. 某些活动课程价值不高

一是基地的实践活动课程与学校课程缺乏互补性。部分基地开设的课程在一般学校内都可以开设，且在校内组织更加方便，如剪纸、书法、广告设计、体育游戏等。这些课程没有必要在基地重复开设，因为它们并没有充分利用到基地的实践环境优势。二是基地课程的实践性不强。部分基地的专题教育主要以看展板、听讲解或讲座为主，或者通过网络虚拟手段进行学习。这些学习方式仍然是传统的接受式学习，学生较少有参与和体验的机会。这与开设综合实践活动课程的初衷相违背，无法达到预期的教育效果。三是基地课程的特色不鲜明。不同基地之间的课程千篇一律，没有充分挖掘本地特有的文化资源、自然资源和产业资源，不能体现本地特色。这使得基地教育失去了独特性和吸引力，无法满足学生多样化的学习需求。四是一些活动的教育性不强，存在表面化、肤浅化和娱乐化等问题，无法达到有效的教育目的。五是活动的针对性不强，没有针对不同学段学生的身心特点和能力差异建立相应的课程体系和评价标准，这导致活动无法真正满足学生的个性化发展需求。六是课程实施的规范性不够。活动过程不完整或活动过程各环节的组织指导不到位等，影响活动的顺利进行和学生的学习效果。

2. 文化建设存在盲区

文化建设存在盲区是一个值得关注的问题，特别是在综合实践基地方面。作为专门的综合实践活动场所，综合实践基地应该具有一些特殊的"品质"，以营造独特的育人氛围。然而，目前一些综合实践基地在文化建设方面存在盲区，往往照抄学校文化、企业文化、公园文化或娱乐场所文化，缺乏对基地文化特质的基本认识。这种做法不仅无法彰显基地文化育人的独特性，也难以营造基地实践育人、活动育人的特殊氛围。综合实践基地需要加强文化特质的挖掘和认识，明确自身的育人目标和特点，打造符合基地特色的文化氛围，加强对基地文化理解，注重创新和借鉴经验，以营造独特的育人氛围。

3. 管理运营有待规范

综合实践基地的学生流动性大，且每期学生都来自不同的学校、不同的年级，素质和能力存在差异，活动的内容与要求也有所不同。此外，基地的环境开放、复杂，加上基地对外联系和交往面广，这些因素都对基地管理提出了更高的要求。然而，目前一些基地管理者对基地管理的特殊性和规律性缺乏认识，导致基地的规章制度不健全。这使得基地管理缺乏规范性、科学性和灵活性，管理水平有待提高。另外，由于主管部门尚未制定相对统一的综合实践基地管理标准和考核评价体系，存在为了考核而考核的情况，考核评价体系往往临时拼凑或者照搬中小学考评细则，这也是因为一些地方教育行政部门对基地的监管督导不够到位甚至严重缺位。

（二）民办自管基地存在的突出问题

1. 综合实践的保障性不足

由于综合实践活动强调公益性，一些教育行政部门或者中小学校组织学生到民办的青少年综合实践基地的积极性不高，导致这类基地存在周中"吃不饱"现象，在学生数量上难以达到预期目标。因此，基地往往只能依赖周末的研学旅行、素质拓展和企业团建等活动来吸引访客，这限制了它们的发展潜力，并影响了长期可持续运营。

2. 基地教师的流动性较大

由于民办基地的待遇受到市场因素调节，导致其具有一定的季节性或周期性。例如，在山东省日照市等滨海旅游城市，夏令营活动在夏季组织开展得较好，此时基地需要招募大量师资来满足需求。然而，当旅游旺季过后，基地可能不再需要这么多教师，导致师资流动性较大。这种流动性可能会对综合实践或研学旅行的成效产生一定的影响。首先，频繁的师资更替可能导致教学质量不稳定，影响学生的学习体验和成果。其次，教师的流动性也可能导致基地在课程设计、教学方法和团队协作等方面缺乏连贯性和一致性。

3. 业务主管部门不明确

青少年综合实践基地的综合实践、研学旅行、劳动教育涉及不同的部门。其中，青少年综合实践明确属于基础教育的范畴，归教育行政部门管理，研学旅行又以文旅部门主管为主，劳动教育又涉及大中小学一体化的构建。因此，一些民办自营的青少年综合实践基地在开展业务时，缺乏明确的主管部门，往往是涉及哪些业务，就与哪些部门打交道。一旦遇到综合性的问题需要调度时，又找不到一个牵头部门，这在一定程度上影响了这类基地的健康发展。

中 篇

改革实践篇

第五章

青少年综合实践基地托管化改革的基本现状

当前，青少年综合实践基地托管化改革已渐成趋势。全国149家国家级示范性综合实践基地，已经有19家完成了托管化改革，5家正在推进改革事宜。在已经完成托管化改革的基地中，临沂市青少年综合实践基地、滁州市青少年综合实践基地和威海市环翠区中小学生综合实践基地非常具有代表性。这些基地在托管化改革过程中，探索了不同的托管化改革模式，也发现了一些亟待解决的问题。

第一节　对青少年综合实践基地托管化改革典型的考察

临沂市青少年综合实践基地、滁州市青少年综合实践基地和威海市环翠区中小学生综合实践基地的托管化改革各具特色，有必要对其基本情况进行全面展示，从而进行综合考察。

一、临沂市青少年综合实践基地：综合性教育服务功能日益突出

（一）基地的基本情况

临沂市青少年示范性综合实践基地（临沂研学实践教育营地）坐落在美丽的省级旅游度假区临沂东部生态城，2013年8月获教育部、财政部审批通过开始建设，系国家级示范项目。其总规划面积3 000亩，总投资22亿元。于2014年6月竣工，9月正式投入使用。2015年11月教育部在此召开全国校外教育工作暨示范性综合实践基地建设推进会。

基地整体规划有素质拓展营地、消防演练营地、军事拓展营地、野外生存营地、团队活动营地、动植物科普营地、生活学习营地、足球训练营地、农业体验营地、人文科技馆、健康运动馆、综合活动馆等九大营地三大场馆。其综合实践设施规模大、功能全，可以承载3 000人同时进行活动。

基地坚持"文明精神、野蛮体魄"的实践理念，着眼于学生的完整人格和创新能力培养，自主开发了生活化、活动型、多维度、体验性、社会化的特色实践活动。目前，已形成包括德育实践、生存体验、科学探究、素质拓展和军事训练在内的五大领域、28个模块、202个活动项目。

基地经注册具有组织研学旅行活动的资质，构建了"情牵沂蒙、品味齐鲁、感动中华、纵横国际"四步走的研学旅行活动体系，精心打造实施了集红色革命传统、蓝色海洋文化、金色高科农业、绿色自然生态、多彩人文科技于一身的五彩"沂蒙人·沂蒙行"活动。同时，开展"一山一水一圣人"齐鲁行、"传统文化传承"华夏行、"了解异国他乡"全球行的研学旅行活动。

基地认真贯彻落实中共中央办公厅、国务院办公厅《关于实施中华优秀传统文化传承发展工程的意见》，积极开展传统文化等主题培训。2016年11月，中国国学教育促进会临沂培训中心在基地挂牌，同时大力开展心理健康教育培训、党性教育培训和廉洁法制培训等。

基地先后承办了山东"新华杯"中小学生国防知识电视大奖赛、山东省第31届科技创新大赛、山东省第13届中学生运动会、山东省中小学生快乐安全营、全国内地新疆高中班"交融杯"校园足球比赛山东省选拔赛等各类大型活动及赛事，受到一致好评。

基地自运行以来，共接待中小学生36万人次参加综合实践活动，接待来自美、德、法等国家和京、沪、渝、川、吉、辽、蒙、贵、陕、鄂等省市的500多个考察团共计1万余人次，先后被挂牌命名为全国科普教育基地、未来科学家培养计划教育基地、山东省校园足球训练营等。

（二）基地的主要做法

该基地主要通过托管化改革，立足基地实际，依托周边丰富的各类实践育人资源，构建了两大活动体系：青少年校外实践活动和成人拓展培训活动。

1. 青少年校外实践活动

青少年校外实践活动包括三大板块，即综合实践、研学旅行和新生军训。在综合实践上，主要是立足基地开展户外拓展和室内探究活动。

在研学实践上，在基地内开展周末特训营、亲子体验营、夏冬令营和中考提升营。与此同时，基地依托周边丰富的文化旅游资源，整合孟良崮、沂蒙红色影视基地、岱固地貌旅游景区、兰陵国家农业公园等景区，开展"营地+"研学实践活动，即开发了"红、蓝、金、绿、彩"五条研学旅行路线，对学生进行爱国主义和革命传统以及人文自然教育，让学生在不同的环境中开拓视野、丰富知识，加深与自然和文化的亲近感。

2. 成人拓展培训活动

成人拓展培训活动主要包括党性廉洁教育、户外拓展训练、名师内训授课、专业礼仪培训、生命安全教育、行业专家讲座等活动。

党性廉洁教育主要是请专业讲师进行党性、廉洁教育培训，参观廉洁教育馆、法制教育馆、模拟法庭，结合真实案例，提高管理干部及员工的思想觉悟。

户外拓展训练主要是由园内专业的拓展培训教练带队，通过高低空经典拓展项目，如高空断桥、攀岩、信任背摔、勇攀珠峰等，激发员工自我挑战的勇气、与人合作的意识，增强团队的凝聚力和战斗力。

名师内训授课是根据不同客户的实际需求而量身定制的，旨在帮助客户实现员工潜能的激发，团队沟通协作意识的形成，进而高效地完成目标任务。

专业礼仪培训包含仪容仪表、商务礼仪、销售礼仪、政务礼仪服务礼仪、会务礼仪、国际礼仪。通过礼仪培训，既提高了员工的个人素质，又树立了现代企事业单位形象，符合现代社会职业发展的需要。

生命安全教育主要是利用基地设有的消防体验馆、地震体验馆、交通安全馆、紧急救护馆等多个安全教育类功能性场馆，通过自身体验，学习并掌握火场、地震、交通等各种险境的预防、逃生技巧，学会自救、互救本领，同时通过消防演练、救生绳结、战地救护等多个户外训练项目，强化学员的野外生存技能。

行业专家讲座主要是基地与国内多家知名商学院合作，拥有不同行业的专家、讲师等人才资源，针对党政、厂矿、教育、医疗、金融、科技、保险等行业，聘请行业专家，开展不同的专题讲座，既可学习了解行业动态，又可提升团队业务素质。

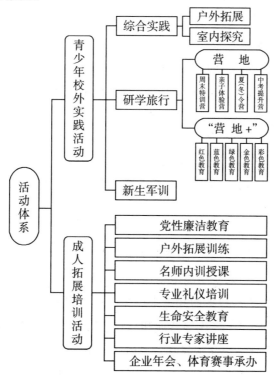

图5-1　临沂市青少年示范性综合实践基地活动体系

（三）改革的基本经验

该基地通过委托临沂某国有企业实行托管化运营，周中、周末以及节假日常年无休，构建了青少年校外实践活动和成人拓展培训活动两大活动体系，以及教育服务、教育科技、体育赛事三大核心业务的综合性教育服务机构，成为全国中小学生综合实践基地建设的先进典型。总体而言，该基地通过托管化改革打造出了一个青少年校外实践育人综合体。

二、滁州市青少年综合实践基地：研学旅行亮点纷呈

滁州市示范性综合实践基地是"十三五"期间由教育部、安徽省教育厅和滁州市政府共同立项建设的国家级示范性综合实践基地，2014年立项建

设，由教育部拨付彩票公益金3 000万元；2017年正式启用，由山东颐养健康集团教育发展有限公司托管运营。2018年，该基地被教育部命名为第二批全国中小学生研学实践教育营地。

（一）基地的基本情况

该基地位于滁州市南谯区沙河镇，占地200亩，建筑面积3万平方米，按照1200名学生同时食宿的规模，设计规划有素质拓展区、国防教育区、生态生活园区、自然探索区、室内培训区、劳动实践区等六大功能区域，主要面向滁州市、安徽省乃至全国中小学生开展综合实践、研学实践和夏冬令营活动。通过打造"美丽营地、活力营地、和谐营地、智慧营地"，真正实现"十三五"规划提出的"增强学生社会责任感、创新精神和实践能力"的教育目标。

1. 便捷的交通区位

基地位于南谯区沙河镇，距离滁州市中心12千米，距离滁州高铁站24千米，距离滁淮高速6千米，距离南京禄口机场95千米。5大板块、10多个优质研学资源单位距离该基地平均30千米。为方便大巴车驶入基地，2017年，滁州市政府专门修建了5千米连接营地和311省道的双向车道公路。安徽交运集团滁州分公司选派优良车队保障学生的运送工作。

2. 完善的功能设施

围绕"十二五""十三五"规划期间教育部关于示范性综合实践基地的建设要求，基地规划为素质拓展区、国防教育区、生态生活园区、自然探索区、室内培训区等五大功能区域，建设有五栋学生公寓、一栋学生餐厅、一处大型综合体育馆、一处文耕堂、一处禁毒教育馆、一处科技馆、一处环保教育馆、一处消防安全教育馆、一处人防教育馆、一处标准足球场，还有多处高中低空拓展设施、篝火广场、室外篮羽乒活动场、医务室等，可同时容纳1200名学生食宿和参加活动。

3. 完备的管理制度

基地拥有24小时、360度无死角监控设施，拥有专门的医务室和医生，配有完备的消防设施和安保队伍。在组织管理上，基地设置了研学培训部、后勤服务部、综合管理部、课程研发部、财务管理部五大部门，针对研学活动、综合实践活动、餐厅和宿舍管理等设置了几十项规章制度和安全预案，充分保障了学生活动和基地运行安全。

4. 专业的师资团队

滁州营地为了提升研学实践教育的质量，特别注重专业师资队伍的建设。自2017年初开始，该营地向市委编办申请了15名编制教师和管理人员，专门负责研学实践活动的策划、执行与管理。此外，基地还从全国范围内招聘了一批经验丰富的专业人才，包括具有200万人次以上营地活动带队管理经验的研学导师、资深教官教练以及负责研发宣传和后勤支持的骨干人员。

目前，滁州营地的师资团队已达100人规模，其中研学导师和讲解实操团队30名，主要负责现场教学和活动指导；教官6名，主要负责学生的纪律和安全教育；研发宣传人员6名，负责课程内容的创新和外部宣传工作；医生2名，确保学生健康和应急医疗响应；后勤服务人员50余名，保障学生日常生活和活动顺利进行。这一师资配置使得基地工作人员与学生的配比达到了1∶12，充分保证了每位学生在活动中都能得到足够的关注和指导。营地的研学导师团队不仅人数充足，而且素质高，全部具备本科和硕士学历，并且持有教师资格证、国家级或省级社会体育指导员证。这些证书不仅代表了他们专业知识的水平，也是对他们教育能力的认可。这样一支专业化的团队，无疑为营地研学实践教育课程的安全、有效实施提供了有力保障。为了保证研学实践教育的质量和效果，滁州营地还定期对师资队伍进行培训和评估。通过不断的学习和实践，师资团队能够及时更新知识，掌握最新的教育理念和方法，从而更好地服务于学生的研学实践活动。综上所述，滁州营地通过建立一支专业、高效的师资队伍，为中小学生提供了一个安全、有趣、有教育意义的研学实践平台。这不仅有助于学生在亲身体验中学习知识、增长见识，还能在实践中培养他们的团队合作能力、创新精神和实践技能，为他们的成长打下坚实的基础。

（二）基地的课程建设

1. 综合实践课程

按照教育部《中小学综合实践活动课程指导纲要》（教材〔2017〕4号）的规定，滁州营地开设了六大类课程，即劳动实践课、素质拓展课、国防教育课、生存训练课、自然探索课、成长教育课。劳动实践课包括农耕体验、植树护绿、木工制作、五金操作、布艺作坊、面点制作、沙雕艺术、家政管理、职业体验、生活技能培养等课程；素质拓展课包括投石机搭建、信任背摔、"雷池"取水、"生死电网"、盲人方阵、鼓舞人生、动力绳圈、有轨电车等拓展训练课程；国防教育课包括军姿、队列训练、国防教育知识讲座、重走长征路、野战对攻、军事越障等课程；生存训练课包括定向运动、攀岩崖降、徒步穿越、丛林穿越、户外绳结、红十字急救、绳梯逃生、野外追踪、野外露营、野炊课等课程；自然探索课包括自然探索、标本制作、制取清洁水、星空认知等课程；成长教育课包括民主与法治教育、禁毒教育、交通安全教育、消防安全教育、环保教育、人防安全教育、非遗文化体验等课程。

2. 研学实践课程

根据教育部《关于推进中小学生研学旅行的意见》，滁州营地紧密结合学生身心特点和成长规律，充分发挥其教育阵地的作用，推动教育资源的共享和区域合作。该营地遵循公益性、教育性、实践性、整合性和安全性的原则，开发了20多项具有显著育人效果的研学实践教育课程。这些课程不仅丰富了学生的知识和视野，还有助于培养他们的文化自信、社会责任感、创新精神和实践能力。

这些研学实践课程涵盖了多个主题，如文化主题、体育主题、国防主题、红色主题和自然主题。其具体活动包括琅琊山访古活动、"跟着课本游滁州"——《醉翁亭记》研修活动、凤阳小岗村研学活动、定远藕塘"雏鹰红色行"活动等。这些活动旨在帮助中小学生深入了解祖国的历史和文化，增强对祖国的热爱和归属感。除了在滁州市内开展的研学活动，滁州营地还积极寻求省外的合作与交流。他们组织了跨省的研学活动，如皖苏文化研学、齐鲁孔子国学研学、海南热带雨林研学、北戴河观海研学、甘肃重走丝绸之路研学、江西重走长征路研学、行走长江经济带研学以及"我和我的祖国"系列研学实践活动等。这些活动不仅让学生走出校门，亲自体验祖国的大好河山，还让他们有机会了解不同地区的历史文化和社会发展。通过这些研学实践活动，学生的足迹已经覆盖了滁州市各区县以及安徽合肥、黄山等地。同时，他们还涉足江苏、山东、北京等省外地区，开展了一系列的研学活动。这些活动不仅让学生们在实践中学习知识、增长见识、锻炼能力，还有助于培养他们的团队合作精神和创新意识。

总之，滁州营地通过开展多样化的研学实践活动，为中小学生提供了一个全面提高自身素质的平台。这些活动不仅让学生更好地了解祖国的历史和文化，还有助于培养他们的社会责任感和创新精神。随着研学活动的不断深入和拓展，相信会有更多的学生受益于这些丰富的教育课程和实践体验。

3. 劳动实践课程

按照中共中央、国务院《关于全面加强新时代大中小学劳动教育的意见》，围绕"以劳树德、以劳增智、以劳强体、以劳育美"的目标，基地利用得天独厚的万亩林场资源、耕地资源和完备的主题场馆，开设了学农、学工、职业体验、生活技能培养四大类劳动教育课程，构建起具有综合性、实践性、开放性、针对性的劳动教育课程体系。

一是学农教育课。主要在基地农耕体验区完成，包括农田种植采摘、锄草疏苗、灌溉施肥、刷树剪枝、家禽养殖、温室大棚管理与现代农业技术体验等科目，旨在让学生熟悉农业劳作，了解"三农"，珍惜粮食，懂得劳动的艰辛不易。

二是学工教育课。主要在基地综合馆、科技馆完成，包括参加木工、金工、航模、绳编、榫卯等科目，旨在让学生树立劳动创造生活、创造价值的理念，掌握劳动技能，学会创造性劳动，培养工匠精神。

三是职业体验课。主要在基地各个主题场馆完成，包括开展交警、法官、缉毒警察、解放军、厨师、环卫工人等劳动角色职业体验活动，旨在让学生养成认真负责、吃苦耐劳的品质和良好的职业意识，培养学生主动服务他人、服务社会的情怀。

四是生活技能课。主要在基地宿舍、餐厅完成，包括宿舍卫生大扫除、衣物整理、餐厅帮厨、分餐和面点制作等科目，旨在让学生掌握基本生活技能，养成劳动习惯。

此外，在外出劳动实践活动中，基地也利用周边场地为学生开展了许多寓教于乐的劳动教育课程，包括茶园茶艺课、竹雕和墨雕课、捕鱼课、山林环保课等。

（三）改革的主要经验

1. 有关部门的重视是托管化改革的关键

开展中小学生实践教育活动是贯彻全国教育大会精神，落实《国家中长期教育改革规划和发展纲要》、教育部《中小学综合实践活动课程指导纲要》和《关于推进中小学生研学旅行的意见》的重要举措，是培育和践行社会主义核心价值观的重要载体，是全面推进中小学素质教育的重要途径。作为基地的主管单位，滁州市教育体育局高度重视中小学生实践教育工作开展，联合10个部门发布《关于推进中小学生研学旅行的实施工作意见》（滁教体基〔2018〕64号），并发布细化制度方案《滁州市中小学生研学实践教育活动管理规定》（滁教体青〔2019〕25号），为基地的托管化改革进行了顶层设计，成为顺利推进托管化改革的关键。基地自启用以来，滁州市科协、市文广新局、市环保局、市禁毒委、市法制办、市人防办、市交警大队和市委网信办均与营地对接，建设了多项学生主题教育场馆设施，让广大学生能够在环境美丽、功能完善的基地中体验更多项目，获得更多历练和成长。

2. 灵活有效的实践活动实施原则是基础

（1）坚持教育与实践相结合原则。滁州营地在设计实践课程时注重教育性、系统性、知识性、科学性和趣味性，在进行活动安排时注重实践性、参与性、体验性，引导学生走出去，在不同的环境中拓宽视野，丰富知识，了解社会，亲近自然，避免"只旅不学"或"只学不旅"现象，为学生全面发展提供良好的成长空间。总之，就是学校有的，我们不搞；校外活动中心有的，我们也不搞。我们要搞的是学生在大自然、在社会上、在营地、在研学资源基地里才能体验到的项目，它们与学生在学校学到的知识相关联。

（2）坚持营地教育和研学旅行相结合原则。营地组织的研学实践活动让学生在基地内统一食宿、统一实践，统一外出研学，将综合实践营地教育与研学教育有机结合，发挥教育系统内外各类资源作用，打造出一系列具有滁州特色的"营地+研学"精品线路和精品课程。

（3）坚持公益性收费与财政补贴相结合原则。研学实践教育活动为公益性活动，滁州营地和学校向每位学生收取30元/天的成本费用，同时由地方教育附加经费予以适当补贴。对符合中央研学彩票公益金补贴条件的活动，经由滁州营地认定后，可对组织单位实施补贴。

（4）坚持全方位安全把控原则。营地建立了可靠的安全保障机制，设有医务室和专职医生，落实安全保障措施，为学生购买保险，配备经验丰富的班主任、研学导师、教官教练和随队医护人员，招标采购交通运输服务，从课程、食宿、交通、医疗等各方面确保学生安全。

3. 专业化的教育团队是保障

自成立之初，滁州研学实践基地就明确了其对于专业师资队伍的需求。为了构建一个高质量的教育环境，基地向滁州市编办申请了3名编制教师，这些教师负责制订教学计划、组织教学活动以及进行教学质量评估等工作。此外，基地与山东颐养健康集团教育发展有限公司合作，引进了50余名教官教练、研发宣传骨干和研学导师。这些专业人才不仅在数量上充实了师资队伍，更在质量上提升了教学水平。同时，基地还招募了30名后勤服务团队成员，确保学生的日常生活和活动顺利进行。

基地的教学团队全部具备本科和硕士学历，拥有扎实的理论基础和专业知识。更为关键的是，所有教师都持有教师资格证，多数还拥有国家级或省级社会体育指导员证和拓展培训师证，这些证书证明了他们在教学和实践指导方面的专业能力。

在团队分工方面，基地采用了四层管理方阵，以确保每个环节都有专业人员负责，提高运营效率和安全水平。第一层是专业教官教练和研学导师团队，他们直接与学生接触，负责其日常训练和活动的开展，确保课程实施的质量和效果。第二层是安全运营与后勤医疗保障团队，他们提供必要的自救他救技能培训以及医疗安全保障，确保学生在活动中的安全。第三层是生活老师，他们用热情的服务为学生提供美味的饭菜和舒适的居住环境，让学生感受到家的温暖。第四层是学校带队老师，他们协助基地团队进行安全管理，对可能出现问题的学生给予心理辅导，保障学生的心理健康。

通过这样专业化的团队配置，滁州研学实践基地能够确保其课程和活动安全、有效地实施。无论是在课程设计、实际操作还是后勤保障方面，都能为学生提供一个优质的学习环境，帮助他们在研学实践中获得宝贵的知识和经验。

三、威海市环翠区中小学生综合实践基地：劳动教育先行先试

该基地是威海市乡村振兴城乡融合样板示范项目、2022年威海市重点项目和重点民生工程，位于环翠区桥头镇菱角湾，占地230亩，总投资1亿元，按照单日可容纳1 100名学生和100名成人同时食宿和开展活动的规模进行建设。

（一）基地的基本情况

基地的规划建设非常全面，包括主营区、劳动实践区、乡村研学区和非遗民俗区等多个功能区域。主营区提供高标准的学生宿舍和餐厅，确保学生的基本生活需求得到满足。劳动实践区则让学生有机会亲手参与农业劳动，体验耕种的乐趣，并从中学习到相关的知识和技能。乡村研学区和非遗民俗区则致力于传承和展示中国的传统文化，让学生在实践活动中深入了解和体验非物质文化遗产。

此外，基地还配备有综合馆、户外运动场等设施，为学生提供了丰富的课外活动空间。菱角湾农场和智慧农业大棚则是现代农业技术的展示窗口，学生可以在这里学习到现代农业科学知识，感受到科技对农业发展的推动作用。

为了更好地服务于素质教育，基地还整合了周边的美丽乡村和健康农业主题元素，改建了非遗民俗、文化体验、劳动技艺教室和山东健康中医药体验馆。这些设施不仅丰富了学生的实践经验，也有助于他们更全面地了解中国传统文化和现代健康理念。

利用所前泊水库周边的林地种植黄精等药材，基地致力于打造一个全生命周期的大健康产业阵地，这不仅有助于推动当地乡村振兴，也为青少年的健康成长提供了有力的支持。基地自2023年正式投入使用以来，每年可接待学生4万名。

（二）基地的主要做法

基地结合"两清三化"行动，依托原桥头敬老院18亩建设用地，盘活闲置资源，打造基地主营区，建有水杉综合馆、雪松实践楼、杜鹃报告厅、枫树公寓、翠竹餐厅，每天可同时容纳1 000名学生进行食宿和开展实践活动。

1. 美丽的营地教育自然环境

基地远离城市喧嚣，位于风景优美的环翠区桥头镇菱角湾，水系丰富，

农田肥沃，周边地形地貌多样，动植物种类繁多，风景优美，交通便利，是一处适合开展户外活动的大自然营地和开展劳动教育的耕读营地。

2. 高标准的室内外活动场地

基地拥有设施完善的室内外活动场地，包括可容纳1 100多名师生的宿舍、餐厅、攀岩馆、主题教育馆、中医药体验馆、乡村非遗馆、现代农业大棚、太空种子育苗区、菱角湾壹号农场等，满足不同年龄阶段的青少年活动的需要。

3. 专业的营地教育师资团队

目前，营地师资和服务团队共100人。其中，营地教官教练和研学导师团队全部是本科和硕士学历，全部拥有教师资格证、国家级高危项目社会体育指导员证、健康管理师证、红十字急救证。专业化的团队构建起安全有效的基地管理四层方阵：营地教育资深专家研发营地课程和管理方式；经验丰富的教官教练负责学生日常训练和活动开展；营地心理老师帮助学生建立自信和健康心态；安全运营与后勤保障团队为学生提供自救与他救的生存技能和医疗安全保障。

4. 完善周到的后勤保障服务

标准的营地住宿设施，让学生在群体住宿中学会自理，培养团队友情；营养师精心制订食谱搭配计划，为学生提供健康绿色的饮食；基地全封闭式管理，教官教练、生活老师24小时全时段服务，保健医生随时处理突发情况，同时提供人身意外保险保障，全方位保证学生安全；宣传员全程拍照，精心设计营员活动营地周报，为青少年留下美好的瞬间。此外，健康教育公司开发的营地云大数据系统搭建起营地智能管理平台，有效赋能学生高质量开展实践体验活动。

5. 丰富的"营地+研学"课程体系

遵循教育部《中小学综合实践活动课程指导纲要》《关于推进中小学生研学旅行的意见》《大中小学劳动教育指导纲要》和《义务教育课程方案》等文件精神，基地针对青少年的发展需求，发挥地域特色，精心打造了涵盖多个领域的七大类课程体系。这一体系不仅囊括了传统的劳动实践和素质教育，还融入了技术、国防、生存技能、自然科学和成长教育等多个维度，提供了丰富多样的学习机会。

基地课程内容广泛、形式多样，包括定向运动、攀岩崖降、徒步穿越、罗马战车等挑战性活动，培养学生的勇气和冒险精神；军事训练、野战对攻、轻武器体验等国防教育课增强学生的国防意识和纪律性；户外绳结、红十字急救、绳梯逃生等生存训练课提高学生的自救互救能力；科普实验、农耕体验、中草药加工等自然探索和劳动教育课促进学生对自然的了解和劳动技能的学习；还有面点制作、安全教育、海防教育等课程，以及"三农"教育和职业体验活动，帮助学生认识社会各类职业，尊重劳动，理解农业、农村和农民的重要性。此外，基地设计的30余条研学路线和季节性的夏冬令营活动，为学生提供了实地学习和锻炼的机会，让学生在真实的社会环境中学习知识，增长见识，提升自我。

（三）改革的基本经验

该基地的主要特色是通过流转主营区周边225亩农用地，打造多功能农耕实践园，用于各种粮食蔬菜以及高附加值果蔬种植的同时，支撑青少年开展农耕实践体验活动。尤其是该基地积极与涉农高校合作，打造乡村振兴背景下的大学生耕读教育阵地，让大学生在亦耕亦读中走出教室、走进山水林田，培养其勤俭、奋斗、创新和奉献的劳动精神，增强在"希望的田野"中干事创业的能力。

一是在耕读社会实践方面。通过开展耕读社会实践活动，在耕读实践中培养学生以知促行、以行促知，突出知行合一，实现理论与实践结合，校内与校外融合。

二是在耕读产业实践方面。通过依托乡村振兴示范平台，提供乡村产业创新实践项目，让青少年深入"三农"和农业生产劳动一线开展服务乡村振兴实践，让奇思妙想在基地创新工场生根发芽，培养卓越农林产业人才。

三是在耕读科研实践方面。通过发挥农场资源优势，为高校教师和大学生开展农业科研实验和应用服务，促进产学研结合，为农林专业课程提供广阔的田野空间。

该基地作为当前山东省内唯一的以"乡村振兴+营地教育"为主题的特色样板项目，充分发挥其得天独厚的山水田园资源和区位优势，坚持以发展高效农业、推动素质教育、助力乡村振兴为目标，以建设环翠区中小学生综合实践基地为发展引擎，有机融合特色农业、劳动教育、非遗传承、红色文化、中医体验、康养民宿等资源，打造一核多点的"精致化城乡融合"新样板，脱胎于乡村，融合于乡村，振兴于乡村，绘出一幅产业兴旺、生态宜居、农民富裕、学生受益的新画卷。

第二节 青少年综合实践基地托管化改革的现状探析

总体而言，青少年综合实践基地的托管化改革已经形成两种基本类型。由于托管化改革还不成熟，还存在一些亟待解决的问题。

一、青少年综合实践基地托管化改革的主要类型

通过对青少年综合实践基地的托管模式进行系统调研和理论化总结，发现当前青少年综合实践基地的托管化改革主要有两种基本类型，即全托模式和半托模式。

（一）全托模式

全托模式是青少年综合实践基地中的一种普遍托管形式，它代表了当前该领域内托管化改革的主流方向。在这种模式下，第三方市场主体——通常是具备专业资质的教育中介机构负责运营基地，提供包括教学和管理在内的全方位服务。这些机构通常会雇用一支专业化的教师团队，以确保提供高质量的教育服务，并依据既定的标准向家长收取一定的费用。采用全托模式的第三方市场主体往往拥有固定的经营场所以及相对稳定且专业的师资队伍，这使得它们在资源和运营实力上较为雄厚，能够更好地满足学生在综合实践、研学旅行和劳动教育等方面的需求。然而，全托模式也存在一些问题，最主要的问题是经济负担。由于需要支付给第三方机构相对较高的费用，这对于部分家庭来说可能是一个不小的经济压力。

（二）半托模式

半托模式是一种相对灵活的青少年综合实践基地托管服务形式，它通过第三方市场主体（教育中介机构）与青少年综合实践基地的合作来实现。在这种模式下，第三方机构通常提供专业化的后勤支持或课程资源。根据托管

的内容，半托模式可以进一步细分为以下几种情况。

托管后勤。 这种形式的托管主要关注学生的日常生活需求。教育中介机构负责管理学生的住宿、餐饮等日常事务，收取相应的费用以覆盖成本。其具体职责包括被褥清洗、宿舍管理、食堂管理等物业管理工作。

托管课程。对于一些缺乏专业师资的青少年综合实践基地，可以采用课程托管的形式与教育中介机构合作。中介机构在这种情况下负责基地的课程教育、课程开发、学生评价和档案整理等工作。这种合作模式不仅解决了基地师资短缺的问题，还为学生提供了更加专业化和系统化的教育资源。

二、青少年综合实践基地托管化改革的现存问题

通过走访调查和电话访谈，发现当前青少年综合实践基地在托管化改革过程中主要存在以下五个方面的问题。

（一）托管化改革的认识不到位

对青少年综合实践基地进行托管化改革，除了有利于推进青少年德智体美劳全面发展、文教体旅进一步融合发展外，还有利于推进大中小学实践育人共同体建设；对地方政府而言，还能提升经济效益和社会效益，减轻财政负担。以某基地为例，每年财政支付人员工资约1 500万元。由第三方市场主体托管后，培训同样规模的学生开展综合实践活动，每年600万元运营经费即可满足基本需要。但是，由于青少年综合实践基地的改革发展问题针对性、专业性强，有关部门还没有充分认识到基地除了具有综合实践功能外，还具备拓展研学旅行、劳动教育、成人培训、赛事活动等综合性功能。托管化改革还能带动相关产业的发展，如旅游、文化、体育等，从而为地方经济注入新的活力。然而，由于缺乏对这一改革模式的深入认识和重视，青少年综合实践基地的潜力尚未得到充分发挥，其作为地方改革发展"优先事项"的地位也未能确立。因此，需要加强对托管化改革的宣传和教育，提升政府和社会各界对其重要性的认识，以便更好地利用这些基地，促进青少年的全面发展和基地资源利用率的最大化。

（二）托管化改革的氛围不浓厚

教育是一项公益性事业，始终坚持教育的公益性是教育教学改革的基本前提。作为教育事业与文化、旅游事业融合发展的产物，研学旅行具有特殊的性质和育人功能。因此，研学旅行的改革发展和顺利推进需要坚持以公益化为基础，以市场化为导向。但涉及基础教育的综合改革，一些地方教育行政部门担心把握不好青少年综合实践基地改革过程中的公益性与市场性的关系，处理不好改革实践中的一些具体问题。例如，调研中发现，一些教育行政部门担心第三方市场主体在托管过程中，研学旅行等活动市场化倾向过重，导致基地的公益性降低。总之，由于青少年综合实践基地的托管化改革是新事物，对其认识有一个逐渐深化的过程，导致在改革实践中对青少年综合实践改革的关注度不高，相关的改革氛围不足。因此，为了平衡公益性与市场性，政府需要制定明确的政策和监管机制，确保第三方市场主体在追求经济效益的同时，不偏离教育的本质。这包括对托管机构的选择、运营过程的监督、服务质量的评估等方面的规范。同时，政府应当加强对青少年综合实践基地改革的宣传和教育，提高社会各界对其重要性的认识，营造支持改革的良好氛围。

（三）托管化改革的资金不充足

一定的经费投入和经费保障是确保青少年综合实践基地健康发展的重要保障。但实施托管化改革的基地，存在以下两种情况：首先，除个别地区通过考核合格的方式给予经费补贴外，大多数地市在实施托管化改革后就不再对基地做任何财政投入。这种"自负盈亏"的模式使得基地必须通过市场化手段来维持运转，但由于缺乏足够的财政补贴，基地在设施设备维护保养方面出现了经费不足。随着时间的推移，这些问题可能导致基地的基础设施老化，影响青少年的综合实践活动和研学旅行的质量。基地的公益性功能也可能因为经费问题而受到削弱，这与教育公益性的原则相违背。其次，虽然托管化改革鼓励吸引社会投资，但由于缺乏完善的政策配套措施，多元化的投资渠道并不畅通。第三方市场主体在考虑资金安全和投资效益时，可能会犹豫不决，导致后续投资难以落实。在这种情况下，即使基地在改革初期获得了一定的社会资本投入，但在后续发展中仍然面临资金短缺的问题，这被称为"最后一公里"现象。

（四）托管化改革的监督不完善

青少年综合实践基地的托管化改革，旨在通过引入市场机制来提高教育服务的质量和效率。然而，这一改革的成功实施，离不开科学、有效的监管评价体系。监管体系的缺失或不足，可能会导致一系列问题，从而影响改革的效果和目标的实现。

首先，从职能管理的角度来看，青少年综合实践基地的托管化改革应该由当地的教育行政部门负责统筹协调和监管。这些部门需要对基地的运营情况、课程质量、安全管理等方面进行监督，确保第三方市场主体能够遵循教育公益性的原则，提供高质量的教育服务。然而，在实际操作中，监管机构和人员的缺位或不足，导致了监管的不到位。这种情况在课程监管方面尤为突出，课程的实施往往依赖于第三方市场主体的"自觉"和"自发"，而缺乏外部的有效监督。

其次，中小学在托管化改革中的话语权不足，也影响了监管的效果。学校作为教育服务的直接提供者，对于学生的教育需求和教育质量有着最直接的了解。如果学校在改革过程中缺乏参与和发言权，那么监管部门可能难以准确掌握一线的教育情况，导致监管措施不能有针对性地解决问题。此外，中小学的主体能动性不足，也可能导致学校对于课程质量和学生安全等问题的关注不够，进一步弱化了监管的效果。

（五）托管化改革的师资较薄弱

青少年综合实践基地的托管化改革，虽然在理论上可以借助市场力量来提高运营效率，但在实际操作中却面临着师资力量不足和教师队伍不稳定的问题。这些问题对综合实践教育的质量和效果产生了不利影响。首先，由于第三方市场主体负责招聘基地教师，这些教师往往是"临时工"，没有稳定的职业发展前景。这种情况导致了教师流动性大，教师队伍缺乏稳定性。不稳定的教师队伍难以积累教学经验和专业知识，也难以形成有效的教学方法和管理模式。此外，教师的高流动性也可能影响到学生的学习连续性和教育质量。其次，研学实践导师的供给主要依赖于具有资质的社会组织。然而，当前我国社会组织的发展相对滞后，难以满足快速增长的研学实践导师的需求，这就导致了托管师资力量的缺乏，尤其是在专业能力和实践经验方面的师资短缺。这种短缺不仅影响了研学旅行的质量和效果，也制约了青少年综合实践活动的开展。

可以说，以上问题是由多方面原因造成的，其根本原因在于托管化改革还是新生事物，各地还没有形成较为完善和健全的制度监管和保障。

下 篇

改革理论篇

第六章
青少年综合实践基地托管化改革的必要性与可行性

当前，青少年综合实践基地作为青少年主要的校外教育活动场所之一，通过对其进行管理机制的托管化改革，以其为核心整合周边各类校外教育资源，能够形成以公益性为基础、市场性为补充的校外教育综合性服务组织。

第一节　青少年综合实践基地托管化改革的必要性

推进青少年综合实践基地托管化改革，既是青少年德智体美劳全面发展的需要、文教体旅进一步融合发展的需要，也是大中小学实践育人一体化建设的需要。

一、青少年德智体美劳全面发展的需要

中华人民共和国成立后，面对严峻复杂的革命斗争环境和百废待兴的困顿局面，1957年，毛泽东同志在最高国务会议第十一次（扩大）会议上提出："我们的教育方针，应该使受教育者在德育、智育、体育几方面都得到发展，成为有社会主义有觉悟的有文化的劳动者。"他提出要发展德智体教育，强调"三育并重"、德育为先的人的全面发展思想。邓小平同志在教育领域进行了拨乱反正工作，面对世界科学技术日新月异的发展，在毛泽东教育思想基础上，深刻认识与准确把握社会主义建设规律，提出培养"有理想、有道德、有文化、有纪律"的德智体等全面发展的人。20世纪90年代末，面对"知识中心""分数第一""高分低能"等应试教育带来的弊端，中共中央、

国务院提出实施素质教育，培养德智体美等全面发展的人。《国家中长期教育改革和发展规划纲要（2010—2020 年）》提出把"促进德育、智育、体育、美育有机融合，提高学生综合素质，使学生成为德智体美全面发展的社会主义建设者和接班人。"习近平总书记站在"坚持中国特色社会主义教育发展道路，培养德智体美劳全面发展的社会主义建设者和接班人"的现实高度，提出"要努力构建德智体美劳全面培养的教育体系，形成更高水平的人才培养体系"。这是中华人民共和国成立以来党和国家领导人首次将"劳"作为同德、智、体、美并列的"第五育"，纳入"全面发展"教育理念的内涵之中，充分表明了当前加强学校劳动教育的必要性与紧迫性。2021年4月，第十三届全国人民代表大会常务委员会第二十八次会议决定将《教育法》第5条中的相关表述修改为"德智体美劳全面发展"。自此，"德智体美劳"五育并举正式成为我国教育方针的重要内容。

　　劳动教育蕴含着德智体美各要素，是德智体美的集中呈现。"一个很明显的而以前完全被人们忽略的事实，即人们首先必须吃喝住穿，就是说首先必须劳动。"通过劳动换取知识与技术，进而创新与转化劳动成果，这一过程就是构建人的社会关系以及个体对生存价值、生涯发展、生活真理的探索。德育成为人与人之间构建社会关系的根本守则，培养劳动品质是德育的主要内容；智力为其劳动形态转型奠定基础，学识、技能、创造印证劳动实践出真知的真理；体育同样发挥着重要作用，强健的身体机能、顽强的意志品质都将支撑其面对更加复杂、烦琐的劳动要求；劳动中所折射出的社会（家庭）美德、技术成果、创造美好等，无不展现劳动美的核心要素。劳动最终指向人的全面充分发展，构建和谐共存的生态关系。劳动以创造性的方式促进人的不断发展，进而推动社会历史进步，"整个所谓世界历史不外乎是人通过人的劳动而诞生的过程"。但是，由于劳动教育刚刚被纳入教育体系，可以说，在"五育并举"教育体系中，劳动教育相对薄弱。为此，2020年3月，《中共中央、国务院关于全面加强新时代大中小学劳动教育的意见》要求，"各地区要统筹中央补助资金和自有财力，多种形式筹措资金，加快建设校内劳动教育场所和校外劳动教育实践基地"。但是，由于劳动教育涉及面广、投入要素多、综合性强，校外劳动教育实践基地建设存在建设难、运营难等问题。调研发现，一些教育部门直管的基地，为了有针对性地开展青少年开展劳动教育，也在积极筹建学农场所。但由于某些因素，这些学农场所多适合于开展"农业观光"，开展劳动教育的实效性不足。

山东省威海市某青少年综合实践基地实行托管化改革后，通过流转主营区周边农用地，打造了多功能农耕实践园，有效支撑了学生开展校外劳动教育的需要。由此可见，以现有青少年综合实践基地为基础，通过实施托管化改革，可以有效吸纳基地周边的田园综合体、农业科技园、规模化种植、养殖基地等具有劳动教育资源的市场主体，以新建或共建的方式打造"基地+农耕园""基地+产业园""基地+科技园"等多种类型的实践育人综合体，能够有效满足学生学农、学工的需要，从而切实加强青少年德智体美劳的全面发展。

二、文教体旅进一步融合发展的需要

文教体旅相互影响、相互作用的关系为其融合发展提供了可能性。一方面，文化是教育、旅游、体育的母体，教育、旅游、体育的内容来源于文化，所有的教育者和受教育者都受到不同文化的熏陶和影响，其价值观、教学内容和方法、言行举止、管理体制等都折射出不同的文化内涵。另一方面，教育、旅游、体育是传承文化、繁荣社会的重要手段。近年来，文教体旅融合发展作为创新性的育人途径，是中小学生综合素质教育的新内容和新举措，受到了社会的广泛关注。

20余年来，我国综合实践基地从无到有，建设逐步规范，职能不断拓展，呈现出运营机制多样化、职责功能综合化的趋势，成为文教体旅融合发展的新载体。在职责功能方面，青少年综合实践教育基地实际上高度整合了文化、教育、旅游等相关社会资源，但研学旅行作为文教体旅融合的重要载体，在融合发展方面还有很长的路要走。据统计，"十二五"期间，全国范围内先后建设了150所国家级示范性综合实践基地。当时，这些基地基本上实行的是直管模式。时至今日，实施托管模式的基地已达30余家，并有逐年增多的趋势。其中，山东省现有7家国家级示范性综合实践基地，实行托管化改革的基地有4家，其余3家包括绝大多数市县级综合实践基地仍然采用的是直管模式。实践表明，直管模式已经不能有效满足文教体旅融合发展的新要求。

究其原因，在于该基地为全额拨款的公益性事业单位，被教育部门作为"中小学校"纳入基础教育进行管理。基地教师除承担周一至周五的综合实践教学任务外，节假日参与研学旅行的积极性不够，导致该类基地的综合性作用发挥不足。

调研发现，山东省临沂市某青少年综合实践基地通过委托某国有企业实行托管化运营后，周中、周末以及节假日常年无休，已经打造出集教育服务（综合实践、研学旅行）、教育科技、体育赛事等三大板块为核心业务的综合性教育服务组织，成为文教体旅融合发展的典范。由此可见，通过对现有青少年综合实践基地进行托管化改革，并以其为基础整合周边各类教育资源，打造实践育人综合体，发挥劳动教育、综合实践、研学旅行、文化体验等校外教育综合服务功能，能有效推动文教体旅的进一步融合发展。

三、大中小学实践育人一体化建设的需要

为在各级各类学校推动培育和践行社会主义核心价值观长效机制建设，教育部在2014年提出要实施"实践育人共同体建设计划"，促进政府、学校、企业、社会等按照"目标共同、机制共建、资源共享、责任共担"原则建立实践育人共同体，为学生实践搭建平台，提升学生创新实践能力，深化学生对社会主义核心价值观的理解和认识。2017年12月，教育部制定发布了《高校思想政治工作质量提升工程实施纲要》，明确把实践育人作为"十大育人体系"之一，要求各高校要"整合各类实践资源，强化项目管理，丰富实践内容，创新实践形式，拓展实践平台，完善支持机制"。教育部思想政治工作司在2019年工作要点中再次明确提出，深入推进实践育人，着力构建"实践育人共同体"，这无疑为各地区加快建设"实践育人共同体"提供了重要契机。

党的十八大以来，为提升立德树人成效，大中小学思想政治教育共同体建设不断向纵深推进。实践育人作为大中小学思想政治教育的重要内容，已经创办了多种形式的"行走课堂"，逐渐形成全学段循序渐进的实践育人一体化体系，并逐步构建出"初步认知、理性学习、社会实践"的梯度式教学进路。

但总体来看，实践育人共同体建设虽然取得了一定成效，但依然面临

一些问题和挑战，主要存在于中小学和高校分属基础教育和教育两大工作领域。在实际工作中，由于缺乏共同的工作载体和育人平台，在构建实践育人共同体上仍然在"最后一公里"存在一些"堵点"和"难点"问题。当前，各地青少年综合实践基地大多处于城乡结合部或乡镇驻地，除一些新建基地外，先期建设的一些基地已不同程度地存在活动场所老旧、更新维护不到位等问题。①通过对其进行托管化改革，引入社会资源对其进行升级改造，以其为基础打造大中小学实践育人共同体，针对不同学段的实践育人需求，分别为大中小学生提供全方位的耕读教育、劳动实践、素质拓展，构建以青少年综合实践基地为核心的实践育人共同体，从而有效推动大中小学实践育人共同体建设。

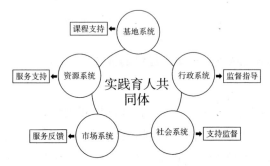

图6-1 实践育人共同体系统组成

第二节 青少年综合实践基地托管化改革的可行性

党的十八大以来，我国的社会经济结构、组织和生活方式都发生了历史性变革，传统的教育服务供给模式已经难以满足青少年多样化的综合实践、研学旅行以及劳动教育的校外教育需求。在这种形势下，如何构建能够与社会经济发展相适应并符合中国基本国情的青少年综合实践教育基地的管理模

---

① 肖雅琪. 中小学综合实践基地建设现状及对策研究——以龙井市综合实践基地校为例［D］. 延吉：延边大学，2019.

式，成为推进青少年综合实践基地改革发展的一项重要任务。作为一种崭新的基地管理机制，托管化改革属于"新事物"，在实践中是否具有可行性，是各方面均较为关注的重要问题。综合而言，当前青少年综合实践基地托管化改革已经具有一定的理论基础、政策依据和现实条件。

一、青少年综合实践基地托管化改革的理论基础

青少年综合实践基地托管化改革具有坚实的理论基础。其中，马克思主义辩证法要求我们要辩证地认识托管化改革中各个要素的利益诉求，从改革的上中下游系统性推动托管化改革；人本主义教育理论要求改革目标是提升学生在实际解决问题的能力；政府-市场二元供给理论要求政府从"生产者"转变为"授权者"；行政契约理论要求托管方和被托管方通过行政契约关系开展有关业务。

（一）马克思主义辩证法

马克思主义唯物辩证法认为，世界上的万事万物都是一个相互联系的统一体，处于普遍联系与运动发展之中。[①]系统的相关性、整体性、有序性显示了普遍联系的具体性，其作为马克思主义方法论的重要内容，要求人们从客观事物的相互联系中分析问题和解决问题。青少年综合实践基地的托管化改革是一个系统性工程，不能孤立地认识青少年综合实践基地的改革发展问题，也不能孤立地推动青少年综合实践基地的改革，否则会犯"形而上学"的错误。因此，我们应该坚持马克思主义的唯物辩证法，正确地认识推进青少年综合实践基地的"提档升级"是一个系统性工程，"牵一发而动全身"。就教育的整体性而言，这项工作涉及基础教育与教育的一体化育人；就基础教育而言，这项工作涉及中小学开展的校内教育与青少年综合实践基地开展的校外教育；就文教体旅融合发展而言，这项工作涉及教育如何更好地服务文化、旅游、体育等相关产业发展的问题。因此，在推进青少年综合实践基地托管化改革过程中，我们应该坚持马克思主义辩证法，既要辩证地认识托

① 陈静. 系统思维下课程思政要素协同路径研究［J］. 牡丹江教育学院学报，2021（2）：99-101.

管化改革的实质，也要辩证地认识托管化改革的各个要素的利益诉求，从改革的上中下游系统性地推动托管化改革。只有如此，才能实现托管化改革的"行稳致远"。

（二）人本主义教育理论

人本主义教育理论产生于20世纪50年代末60年代初，主张把教育的宗旨定位在教育要真正关照人的终极成长，促进人的"自我实现"，培养"完整人格"，而非受教者成绩提高之类的短期目标。因此，人本主义关注人的整体发展，尤其是人的"内心生活"的丰富和发展，即人的情感、精神和价值观念的发展。人本主义教育理论认为，在现代社会中受过教育的人应是"学会了如何学习、如何适应和如何变化的人"。因此，教育绝不是单纯的知识传授和智力培养，教育理想是培养"完整的人"。这种"完整的人"的基本特征是动态的、过程中的、有创造性的人，是"躯体、心智、情感、精神、心灵力量融汇一体的人，简单地说就是情知合一的人"。人本主义强调学生的主体角色，要求教育者以诚恳的态度对待和了解学生，尊重其独立人格，挖掘他们的潜力。为此，学校的人才培养目标应该是培养能从事自发的活动并对这些活动负责的人，能理智地选择和自定方向的人，能获得有关解决问题知识的人，能灵活地和理智地适应新的问题情境的人，能自由地和创造性地运用有关经验灵活处理各种问题的人，能在各种活动中有效地与他人合作的人。

青少年综合实践活动基地秉承"树立育人为本、德育为先"的教育理念，坚持以学生为中心的目标，重视学生的能力需要，开设适合学生的活动课程，充分体现了人本主义教育理念。人本主义教育理论也为青少年综合实践基地的托管化改革提供了理论基础，即改革的目标是提升学生在实际解决问题的能力，顺应学生的兴趣需要，达到开发学生潜能，激起其认知与情感的作用，重视创造力的培养，推动教育事业的革新与进步。在基地托管开展过程中，基地托管的内容选择、目标设置等都充分考虑了不同年龄阶段、不同学生个体的多样化发展特征和需求。同时，时尚、潮流的基地托管内容不仅极大地调动了学生体育锻炼的积极性，还为学生参加研学实践、提高体质健康水平和实现全面发展创造了条件。

（三）政府-市场二元供给理论

政府-市场二元供给理论是公共物品供给理论的重要组成部分。20世纪60年代以后，以德姆塞茨、戈尔丁等为代表的新自由主义经济学家从理论和实践角度论证了利用私人提供公共物品解决政府经济信任危机的可能性。政府-市场二元供给理论认为，政府和市场在提供公共服务时应该了解公众需求，使服务更具有针对性，在服务方式上应该注重创新和效率。按照经济学理论的解释，政府与市场合作供给模式能够实现资源优化配置。因此，政府-市场二元供给理论主张下放政府社会管理权，将公共服务生产与供给分开，将生产让渡给市场，政府通过购买的方式为社会公众提供服务，其实质是政府从"生产者"转变为"授权者"。

随着市场经济的发展和改革开放的延伸，单纯的政府行为已不能完全满足青少年综合实践基地发展的资源配置需求，必须探索政府行为和市场资源相结合的新路径。一是通过托管化改革对青少年综合实践基地提供不同于普通中小学的特殊的政策和扶持，来吸引社会力量的参与。通过引入第三方市场主体——从事研学旅行的国有企业或教育服务的龙头企业，利用上下游产业链的延伸，形成文教体旅融合发展的产业集聚效应，从而促进区域社会经济的发展及基础设施的改善。二是实施托管化改革的基地探索是政府行政体制改革创新的一种新路径，是政府"有形之手"和市场"无形之手"对握的创新，符合当前基础教育综合改革的基本思想。在托管化改革中，教育行政部门应该管什么、管到什么程度，托管方可以做什么、做到什么程度，都是值得思考的问题。

教育是培养人的社会活动，具有一定的特殊性。教育服务是向社会公众所提供的满足物质和精神需要的活动及其结果，一般分为公共教育服务、准公共教育服务和私人教育服务。因此，教育服务既是私人产品，又是公共产品，是兼具公共与私人属性的"混合产品"。青少年综合实践基地提供的教育服务作为一种服务产品，同一般商品没有本质区别，具有价值和交换价值，这是教育服务进入市场后可购买的理论前提。基地托管服务本质上属于校外教育范畴，是基础教育的重要内容，是介于公共教育服务与私人教育服务之间的准公共教育服务，关系到千万家庭的切身利益。因此，政府-市场二元供给理论是青少年综合实践基地托管化改革的重要理论基础。

（四）行政契约理论

行政契约是行政主体之间或者行政主体与相对方或者其工作人员之间基于行政管理的需要，依法设立、变更、消灭行政法律关系的协议。[①]党的十一届三中全会确立的农村联产承包责任制是对传统的政府管理农业方式的突破，标志着我国以行政契约代替指令性计划或行政命令的开始。党的十三大报告明确指出："无论实行哪种经营责任制，都要运用法律手段，以契约形式确定国家与企业、企业所有者与企业经营者之间的责权利关系。"这段论述为我国行政契约的研究与运用提供了基本依据。

随着社会主义市场经济的发展以及政府管理体制改革的不断深化，行政契约成了我国政府行政管理的重要手段和方式，其应用范围越来越广泛，在政府管理中的作用也日益显现出来。目前，行政契约在广泛的行政管理活动中，如我国的经济管理、社会管理、公共服务、行政管理等领域都得到了应用，主要表现为种类繁多的行政合同。作为经济管理手段的行政契约，有"农业承包合同""工业承包合同""国有企业租赁经营合同"等。作为行政管理任务分配手段的行政契约，有"计划生育达标责任书""环境保护责任书"等。这种行政契约有利于理顺行政内部关系，整合行政资源，提高行政效能和效率。作为社会规制手段的行政契约，如计划生育合同、防止公害合同等，这种行政契约能有效地保证行政目标的实现，从而大大提高了行政管理绩效。作为公共设施提供管理手段的行政契约，我国的公共工程合同，国有土地使用权出让、转让、出租合同都属此类行政契约的应用。由此可见，行政契约在我国的应用范围是非常广泛的，是我国行政管理方式改革的一种表现，也是我国行政改革的重要部分。它对于我国政府适应新形势、解决新问题有着不可忽视的意义。

青少年综合实践基地通过实施托管化改革，使本来由教育行政部门提供的校外教育服务采用"委托—合作—参与"方式，通过建立行政契约关系委托符合条件的第三方市场主体承担。因此，第一，基地托管关系本质上属于

---

① 李明.行政契约理论与实践研究［D］.上海：上海社会科学院，2007.

行政契约关系，属于政府购买教育服务行为，这意味着基地托管服务逐步走向市场化。当政府提供的教育服务资源不能满足青少年校外教育需求时，理应将教育服务经营权适当"让渡"，以提高教育服务的质量和效率。第二，在青少年综合实践基地托管化改革过程中，教育行政部门、基地和第三方市场主体都是独立、平等的个体，应通过行政契约关系明确相应的权利和义务。教育行政部门作为购买方，是"舵手"，即履行政策引导和监管职能；基地是被托管的主体；第三方市场主体是托管方，承担基地托管的师资供给和日常管理，协同配合并保证基地托管的顺利进行。第三，从青少年综合实践基地托管化改革的具体运行机制看，有必要将教育行政部门、基地、第三方市场主体视作不同层次的系统和子系统，并据此系统分析青少年综合实践基地托管模式的指导思想、目标、内容、操作流程等内容，从而更加容易地形成清晰的理论线索。

二、青少年综合实践基地托管化改革的政策依据

青少年综合实践基地实施托管化改革，主要有四大政策依据。

（一）《示范性综合实践基地实践活动指南（试行）》

《示范性综合实践基地实践活动指南（试行）》确定了基地开展综合实践活动的公益性趋向。

2013年11月，为贯彻落实《国家中长期教育改革和发展规划纲要（2010—2020年）》，加强中小学校外活动场所建设和管理，切实有效地建设好、利用好综合实践基地，培养学生的社会责任感、创新精神和实践能力，依据财政部、教育部关于《中央专项彩票公益金支持示范性综合实践基地项目管理办法》的要求，教育部基础教育一司就示范性综合实践基地开展实践活动制定了《示范性综合实践基地实践活动指南（试行）》。该指南第18条明确规定："示范性综合实践基地必须坚持公益性原则，各项经费支出应统一纳入当地财政预算。设置活动耗材专项经费，保障基地正常运转。基地服务性收费标准要按有关规定，经当地物价部门核准。"而对于其他实践基地的相关工作，该指南还要求"可参照执行"。由此，各地青少年综合实践基地实施托管化改革，该指南就是一个基本的政策依据。尤其是在托管化改革时，不

能当"甩手掌柜"，仍然要在财政预算上给予一定的经费支持。

（二）《中小学综合实践活动课程指导纲要》

《中小学综合实践活动课程指导纲要》明确了各地教育行政部门的监督责任。

2017年9月，为全面贯彻党的教育方针，坚持教育与生产劳动、社会实践相结合，引导学生深入理解和践行社会主义核心价值观，充分发挥中小学综合实践活动课程在立德树人中的重要作用，教育部制定了《中小学综合实践活动课程指导纲要》。该纲要要求地方教育行政部门要加强中小学综合实践活动课程的考核与激励机制建设，并明确要求"开展优秀成果交流评选"，指出要"依托有关专业组织、教科研机构、基础教育课程中心等，开展中小学生综合实践活动课程展示交流活动，激发广大中小学生实践创新的潜能和动力。将中小学综合实践活动课程探索成果纳入基础教育教学成果评选范围，对优秀成果予以奖励，发挥优秀成果的示范引领作用，激励广大中小学教师和专职研究人员持续性从事中小学综合实践活动课程研究和实践探索"。

但是，由于各个中小学教师对开展"优秀成果交流评选"活动的愿望不强烈，相比而言，青少年综合实践基地的教师可以专职开展综合实践活动，对开展"优秀成果交流评选"活动具有强烈愿望。但在实际工作中，并没有对综合实践活动课程开展"优秀成果交流评选"，导致基地教师在评聘职称中的弱势地位，进而导致他们的职业归属感、荣誉感降低。

因此，基地在开展托管化改革的过程中，教育行政部门要从加强课程监督的角度出发，积极开展"优秀成果交流评选"活动，从而进一步推动综合实践课程走上更高的建设水平。

（三）《关于推进中小学生研学旅行的意见》

《关于推进中小学生研学旅行的意见》赋予了学校托管研学旅行的权力。

2016年11月，为落实立德树人根本任务，帮助中小学生了解国情、热爱祖国、开阔眼界、增长知识，着力提高他们的社会责任感、创新精神和实践能力，教育部等11部门联合印发了《关于推进中小学生研学旅行的意见》。该意见明确界定了研学旅行的概念、主责部门、工作目标、主要任务，并指出"学校组织开展研学旅行可采取自行开展或委托开展的形式"，"学校委托开展研学旅行，要与有资质、信誉好的委托企业或机构签订协议书，明确委托企业或机构承担学生研学旅行安全责任"。此后，研学旅行纳入青少年综合实践基地的职责范围，2017年和2018年教育部还分两批在全国共批准了40家全国中小学生研学实践教育营地，并给予营地一定的资金支持。2018年教育部办公厅关于公布《2018年全国中小学生研学实践基地、营地名单的通知》在中央有关部门和各省级教育行政部门推荐的基础上，经专家评议、营地实地核查及综合评定，命名了377个单位为"全国中小学生研学实践教育基地"、26个单位为"全国中小学生研学实践教育营地"。

（四）《中共中央、国务院关于全面加强新时代大中小学劳动教育的意见》

《中共中央、国务院关于全面加强新时代大中小学劳动教育的意见》为托管化改革提供了基本参照。

2020年3月，为构建德智体美劳全面培养的教育体系，中共中央、国务院印发了《关于全面加强新时代大中小学劳动教育的意见》。该意见明确指出，各地要多渠道拓展实践场所，"充分利用现有综合实践基地、青少年校外活动场所、职业院校和普通高等学校劳动实践场所，建立健全开放共享机制"。要健全经费投入机制，"可采取政府购买服务的方式，吸引社会力量提供劳动教育服务"。要强化督导检查，"把劳动教育纳入教育督导体系，完善督导办法"。由此，青少年综合实践基地又被赋予了一项新的职责，即开展劳动教育。可以说，该意见的印发，为各地青少年综合实践基地开展托管化改革提供了基本参照。

三、青少年综合实践基地托管化改革的现实条件

当前，青少年综合实践基地的托管化改革，除了具有理论基础和政策依据外，还具有一定的现实条件，具体表现在以下三个方面。

（一）文教体旅的融合发展向纵深推进

随着新旧动能转换，文旅融合、文教融合以及文体融合不断发展，文教体旅融合渐成趋势，并不断向纵深推进，这为青少年综合实践基地的托管化改革提供了现实条件。例如，2023年7月，日照农发集团下属子公司——日照研学港运营管理有限公司正式组建运营日照研学港项目。该项目是充分发挥日照市东港区教育、文化、旅游、体育等资源聚集的优势，推动东港区教育事业和文旅产业融合发展的具体尝试。项目以研学旅行为抓手，将研学旅行、休闲旅游、重大赛事、全民健身进行有机结合，共建东港区"文旅融合+全民健身+实践教育"创新生态圈，倾力打造文教体旅产业融合孵化港、实践教育集散港、企业合作交流港，并力争打造成为山东省文教体旅融合创新产业示范基地。

具体而言，项目以"文教旅融合、产学研应用"为理念，围绕"突出前瞻性、增强融合性、提高落地性"三大原则，立足日照文旅资源和体育场馆分布特点，结合研学产品开发基础条件，统筹文教体旅产业开发，对空间单元进行聚焦优化，形成"一厅、一园、两心、三馆、四基地、N个小生态圈"空间布局，推进文教体旅产业融合发展。"一厅"即日照研学会客厅；"一园"即文教体旅融合产业园；"一港"即日照研学港；"两心"即东港区文教体旅创新发展中心、日照研学港1+N展示中心；"三馆"即丝路博物馆、海洋图书馆、港口文化馆；"四基地"即生态研究基地、产业孵化基地、科普教育基地、创业实践基地；"N个小生态圈"即形成文化阅读圈、体育健身圈、旅游美育圈、研学教育圈等若干创新小生态综合服务功能圈。

从日照研学港项目的建设、推进中可以看出，在有关部门的积极推动下，文教体旅不断向纵深发展，为青少年综合实践基地的托管化改革提供了很好的现实需求。

（二）青少年的研学旅行步入崭新阶段

研学旅行是"由教育部门和学校有计划地组织安排，通过集体旅行、集中食宿方式开展的研究性学习和旅行体验相结合的校外教育活动，是学校教育和校外教育衔接的创新形式，是教育教学的重要内容，是综合实践育人的有效途径"。2016年自教育部等11部门开始积极推进中小学生研学旅行以来，研学旅行的社会支持度和认可度不断提升。不仅中小学生的家长认识到研学旅行对青少年成长的重要意义，大学生也在节假日积极投入研学旅行中。当前，青少年研学旅行的市场需求不断扩大，但是由于酒店的住宿、餐饮等消费成本过高，限制了这部分社会需求，甚至在青年大学生群体中兴起了一种新兴的旅行方式——"特种兵式"旅游，即用尽可能少的时间、尽可能低的费用游览尽可能多的景点。而实施托管化改革的青少年综合实践教育基地，可以在周末、节假日、寒暑假期间与相关文旅单位对接，接待外地市乃至外省市的中小学生入住并有序开展研学旅行、夏（冬）令营活动，有效满足该部分社会需求。由此可见，随着青少年研学旅行步入新阶段，青少年综合实践基地在住宿、研学旅行等方面的综合性优势，为青少年综合实践教育基地的托管化改革提供了现实条件。

（三）中小学的托管化改革提供基本参照

2007年7月，为合理配置优质教育资源、转变政府职能、突破体制瓶颈，上海市遴选了一批包括品牌学校、教育中介机构等在内的优质教育资源，"委托管理20所农村中小学校"，以"鱼渔兼授"的方式助推农村中小学走内涵式发展之路。此后，开始出现对中小学校内体育场馆托管的研究，并认为其可以达到委托方与受托方相互合作的双赢局面。[①]课后校内托管服务的有关研究成果也不断涌现[②]，为青少年综合实践基地的托管化改革提供了基本的思路借鉴。与此同时，个别国家级示范性综合实践基地的日常运营经费全部依赖教育部拨款，地方财政基本没有任何补贴，并且在开展综合实践活动时，也没有收取耗材的成本费，导致这些基地日常运营较为困难。在一定程度上，他们实施托管化运营的呼声更为强烈。总之，青少年综合实践基地的建设是推行素质教育改革的结果，是基础教育的一部分。随着各地中小学的托管化改革不断走向深入，上海市托管农村中小学校的有关经验以及各地中小学实施托管化改革的相应举措，完全能够为当前第三方市场主体托管青少年综合实践基地提供基本的现实依据。

---

① 应姗姗. 宁波市区中小学体育场馆托管模式的实证研究［D］. 上海：华东师范大学，2009.

② 张向阳. 河南省中小学课后校内托管教育调查报告［J］. 黄河科技学院学报，2022（10）：97-100.

第七章
青少年综合实践基地托管化改革的原则要求与监督管理

　　青少年综合实践基地的托管化改革要想顺利推进，既需要坚持一定的原则，还需要有关部门加强监督管理。尤其是在当前托管化改革还不够成熟完善的情况下，有关部门的监督管理更显得必要。

第一节　青少年综合实践基地托管化改革的原则、目标及要求

　　开展好综合实践、研学旅行以及劳动教育是青少年综合实践基地实施托管化改革的基础，也是确保其改革成功的关键。

一、青少年综合实践基地托管化改革的基本原则

　　青少年综合实践基地实施托管化改革，需要始终把握好以下五个原则。

（一）公益性原则

　　综合实践活动是一个综合性、社会性、系统性都很强的教育教学活动。这种教育教学的基本属性决定了青少年综合实践基地在实施托管化改革过程中要坚持把公益性作为各方面建设的首要着力点。要在托管化改革的顶层设计中坚持以公益性为导向，有效整合各种资源，突出基地在校外教育中的功能定位。要在青少年综合实践基地的课程实施中增强服务青少年成长成才的意识和水平，不得在服务过程中开展以营利为目的的经营性创收。在必须收取一些教育教学的耗材费用时，应以收取成本为基本原则；在涉及义务教育

学段的学生时，应以免费为主。当然，为促进各综合实践基地更好地提供综合实践教学服务，有关部门可以考虑设立专项资金，对基地的综合实践教学活动给予必要的财政补贴，保证各基地在开展实践教学活动时不会因经费缺乏而成为"无米之炊"。

（二）安全性原则

安全无小事，责任大于天。长期以来，安全问题一直是制约我国大中小学生开展校外教育的"紧箍咒"。一些学校尤其是中小学校之所以在组织开展校外综合实践活动时积极性欠缺，一个重要原因在于无法消解安全顾虑。因此，作为一种实践教学机制，青少年综合实践基地的托管化改革要着力于安全问题，通过多方合力和有效举措夯实安全保障。在制订教学方案时，要同时制订安全预案和应急方案，各个基地要与学校、第三方等明确安全责任。在组织开展综合实践、研学旅行、劳动教育等教学活动时，要落实好各项安全管控措施，确保工作人员掌握必要的应急技能，在遇突发事件时能够及时实施救援。对于基地提供的餐饮、住宿、交通等设施，要定期开展安全检查和维护保养，做到万无一失，为各学段学生提供一个有切实安全保障的实践教学环境。只有如此，才能让广大师生在综合实践教学活动中安心、舒心和省心。

（三）教育性原则

综合实践、研学旅行等活动是实践基础上的教学，其立足于实践，但着眼于教学。在青少年综合实践基地托管化改革过程中，学校的理论教学与基地的现场教学要融合起来，实现"无缝对接"，这就要求基地着力于教学的针对性建设，围绕大中小学的教学目标和教学内容开展现场实践教学，改变过去对各种教育对象通用一个教学内容、教育流程和教学资源的现象。在教学研究上，要科学编制基地综合实践、研学旅行和劳动教育等教学资源图谱，针对不同的学段设计不同的实践教学方案，综合利用不同的实践教学资源。在教学资源开发上，要分学段开发特色课程，对各学段学生进行多角度、多维度的教育和培养。在教学评价上，要建立健全有针对性的教学评价机制，形成尊重个性差异、鼓励多元发展的科学评价体系。只有着力于针对性建设，因材施教，才能切实达到立德树人的教育教学目标。

（四）体验性原则

综合实践活动作为学校课堂教学的一种拓展，有效地弥补了理论教学的不足。《全面推进"大思政课"建设的工作方案》明确指出："大中小学要主动对接各级各类实践教学基地，开发现场教学专题，开展实践教学。"马克思主义实践观告诉我们，实践是一个过程，青少年综合实践基地的实践教学是一个将课堂的理论教学转变为现场教学的过程。在这个过程中，学生通过亲身参与各类综合实践活动从而更加直观地验证科学理论的指导价值。若青少年综合实践基地仅仅是学校理论课堂的"硬转移"，现场教学依旧是"满堂灌"，学生"走马观花"而无法融入其中，久而久之就会导致实践育人效果大打折扣，实践活动日趋"表面化"也就在所难免。因此，青少年综合实践基地在托管化改革过程中还要着力于体验性建设，要立足现有资源，通过声、光、电、全息等技术手段，使学生实现沉浸式体验，从而提升他们的实践能力和创新意识，彰显实践育人的特色。只有如此，才能真正推动青少年综合实践基地的综合实践教学上层次、上水平。

（五）趣味性原则

趣味性原则指青少年综合实践基地的课程内容能激发青少年的兴趣，并使他们在基地活动中体验到参与身综合实践、研学旅行和劳动教育的乐趣。综合实践活动是基地托管化改革的主要来源，包含着丰富的娱乐性活动内容。由于青少年尤其是中小学生尚不具备成熟的认知能力，利用好奇心有针对性地选择一些趣味性强的综合实践活动作为教学内容，真正做到寓教于乐，让学生在接受教育的同时充分体现体育的娱乐性，使其充分放松身心、释放压力，这是激发他们学习动力的重要手段。此外，教学内容的趣味性还体现在对现有教学内容的环境、场地等进行合理的加工，使中小学生在基地中参与综合实践活动时获得竞争、协同、表现等新的心理体验，从而激发她们的学习热情和兴趣。

二、青少年综合实践基地托管化改革的主要目标及功能

综合梳理各地青少年综合实践基地托管化改革经验，实施青少年综合实践基地托管化改革，其主要目标就是打造成为集综合实践、研学旅行、劳

动教育等综合性功能为一体的校外教育综合性活动场所。调研发现，凡是推行托管化改革的青少年综合实践基地，通过实行招商引资、招才引智的"双招双引"政策，均较为出色地完成了基地教学任务，并有效地推动了资源共享和区域合作。这些基地在正常教学周内，一方面负责接收教育部门统一组织的本区域中小学生的综合实践活动，开展公益性的综合实践活动；另一方面，还在周末或寒暑假等节假日，本着市场化原则，组织开展市场化的综合实践、研学旅行、劳动教育等教育活动，实现了"机制活，基地活"的目标。例如，2019年12月14日《中国教育报》在对滁州基地的专题报道中，对基地采用的托管化运行机制给予了高度评价，指出该基地"在坚持公益性、普惠性、全覆盖性的原则下，以政府购买服务方式外聘专业教育团队，花最少的钱办最好的事"。

相比实施直管模式的基地而言，实施托管化改革后的青少年综合实践基地具有更复杂的治理结构、更综合的职责功能、更灵活的运营机制，也更符合新时代的新要求。通过实施托管化改革，这类基地通常具有以下五种主要功能。

一是开展综合实践。基地主要利用现有综合实践基地的教育资源，为本区域的中小学生开展综合实践教育。

二是组织研学旅行。基地主要是在周末、节假日、寒暑假期间，与有关文旅单位对接，接待外地市乃至外省市的青少年入住基地并以基地为依托开展研学旅行、夏冬令营活动。随着文教体旅的不断融合发展，青少年尤其是中小学生开展研学旅行和夏冬令营活动的市场需求较大。但在开展研学旅行过程中，星级酒店的住宿、餐饮等消费成本过高，限制了这部分社会需求。实施托管化改革的青少年综合实践基地，能够有效对接、承纳这部分社会需求。

三是承接体育赛事。作为本地市组织举办各类青少年赛事的住宿、餐饮后勤保障基地，其主要服务人群为各类青少年赛事工作人员，主要服务类型为青少年体育赛事。

四是开展劳动教育。在现有综合实践基地的基础上，通过流转基地周边农用地，打造多功能的"农耕实践园"，在用于各种粮食蔬菜以及高附加值果蔬种植的同时，支撑学生开展农耕实践体验活动。其主要服务人群为本地市中小学生，主要服务类型为劳动教育。

五是开展拓展培训。充分利用综合实践基地现有素质拓展课程，其主要服务人群为企事业单位的工作人员，主要服务类型为素质拓展。

三、青少年综合实践基地托管化改革的基本要求

青少年综合实践基地实施托管化改革，不能一蹴而就，需要坚持系统思维稳步推进，并且要在改革创新中不断满足以下基本要求。

（一）要营造良好的改革氛围

1. 做好调查研究

没有调查就没有发言权。在实施青少年综合实践基地改革过程中，由于涉及国有资产管理、人员分流、收费许可等多项事宜，通过做好调查研究，有助于顺利推进青少年综合实践基地改革。

2. 学习先进典型

山东省内的临沂市、威海市等地，省外的安徽省滁州市等地的青少年综合实践基地均开展了托管化改革，并且各具特色，通过向这些先进典型学习，能够让本地的青少年综合实践基地少走弯路，并能够站在更高的起点上实施托管化改革。

3. 加强改革宣传

青少年综合实践基地是校外教育的一部分。学生、家长、学校的认可度和接受度，决定了改革能否顺利推进。因此，在实施托管化改革过程中，要广泛开展宣传，让各个学段的学生、家长以及学校充分认识到青少年综合实践基地托管化改革的意义，获得他们的理解和支持。

（二）要选择合适的托管机构

在青少年综合实践基地托管化改革过程中，选择合适的托管机构是改革能够顺利推进的关键。托管机构是否合适的标准，可以参照以下几个方面：托管方是国企还是民企，是外地企业还是本地企业，有研学资源还是无研学资源。以上三个方面可以作为基本参照标准。调研发现，当前实施托管化改革的青少年综合实践基地，在选择托管机构时，呈现"三多"倾向。

1. 选择国有企业的多

这一倾向与青少年综合实践基地的教育教学性质有关。一些地区在实施托管化改革过程中，认为有国有企业作为托管方，能够更好地确保综合实践、研学旅行的公益性质。

2. 选择本地企业的多

这一倾向与各地对本地企业的重视程度有关。一些地区出于对本地企业的信任，以及便于管理与协调等情况，在实施托管化改革中，更倾向于由本地企业作为托管方对青少年综合实践基地实施托管。

3. 选择具有研学资源的多

一些地区对青少年综合实践基地的托管化改革初衷，除了更好地开展中小学生的综合实践活动外，还在于能够创造性地开展研学旅行活动，推动本地文教体旅的融合发展。因此，在选择托管对象时，往往选择具有研学资源的托管方作为托管方，从而能够更好地整合资源。

（三）制订完善的实施方案

一份完善的实施方案能够确保青少年综合实践基地托管化改革的稳步发展。实施方案要明确托管化改革的基本情况、合作运营方式、人员分流情况、国有资产管理、监督评价等有关事项，尤其是基地的人员分流是托管化改革的核心问题，要确保能"进得来、留得住、走得顺"，从而激发基地的活力。

第二节　青少年综合实践基地托管化改革的监督管理

青少年综合实践基地托管化改革既涉及教育行政部门内部之间的协调配合，又涉及教育行政部门、基地、学生以及家长之间的沟通与协调。因此，建立高效、规范的基地监管机制是确保规范运行的前提。经验表明，严格的监管机制是保证基地托管质量和提升基地托管效率的基本保障。鉴于当前各地实施的托管化改革尚处于探索阶段，以及托管化基地在运行管理过程中的复杂性，建立严格、多元化的监管机制更具有必要性。

一、青少年综合实践基地监督管理的意义

对实施托管化改革的青少年综合实践基地实施监管，主要有以下几方面的意义。

1. 有助于加强国有资产的管理

对实施托管化改革的青少年综合实践基地而言，其资产属于国有资产。从加强国有资产保值增值以及防止国有资产流失的角度来看，对实施托管化改革的青少年综合实践基地进行有效监管，能够加强国有资产的管理。

2. 有助于提高基地课程的质量

作为校外教育的主要承载地，课程是青少年综合实践基地的核心。无论是中小学生的综合实践课程、研学旅行课程，还是大中小学生的劳动教育课程，其公益性属性决定了托管方对提升课程质量的内生动力不足。教育行政部门通过对实施托管化改革的青少年综合实践基地进行有效监管，开展"优质课程评比"活动，并实行相应的奖励措施，能够有效提升基地课程的教育教学质量。

3. 有助于提升基地管理的成效

对实施托管化改革的青少年综合实践基地进行有效的监管，能够正确评估青少年综合实践基地托管化改革是否能够满足家长以及学生在开展综合实践、研学旅行和劳动教育过程中的需要，针对基地托管化改革在提升青少年素质教育、落实国家"双减"政策、推动基础教育综合改革中存在的问题和缺陷，科学实施基地托管化改革的主要目标、基本内容以及操作流程等，从而不断修订、完善基地托管化改革的实施方案。

二、青少年综合实践基地监督管理的原则

对于青少年综合实践基地实施托管化改革，要构建科学完善的监督管理机制，需要把握好以下几项监管原则。

1. 系统性原则

青少年综合实践基地的托管化改革是一个系统性工程，涉及教育行政部门、第三方市场主体、学校、基地、学生以及家长等多个主体，需要共同参与、有机互动。因此，在构建相关监管机制时，需要把握好监管的系统性原

则，吸收多个主体进行监管，发挥各自的积极性，调动和运用各种资源，从而推动青少年综合实践基地创造性地开展活动。

2. 公平性原则

当前，从投资主体上看，不仅有公办基地，民办基地也逐渐增多。因此，在推进青少年综合实践基地的托管化改革中，对于没有实施托管化改革的基地以及一些民办基地，应该本着公平性原则对其进行监督管理。

3. 便利性原则

监管的目的是确保青少年综合实践基地能够更好地服务青少年成长成才。托管化改革是手段，监管是保障。因此，教育行政部门在构建监管机制、制定监管政策时，要本着便利性原则，从便于青少年综合实践基地的管理出发完善监管机制。在监管过程中，不能因为监管而增加青少年综合实践基地的管理成本和管理负担，更不能为了监管而监管。

三、青少年综合实践基地监督管理的内容

在青少年综合实践基地托管化改革过程中，有关部门应围绕"四管"完善监管机制。

1. 做好对青少年综合实践基地的安全监管

无论是开展综合实践、研学旅行，还是劳动教育，都要坚持安全第一。教育行政部门要建立安全保障机制，明确安全保障责任，落实安全保障措施，确保学生安全。要督促实施托管化改革的青少年综合实践基地制订科学有效的青少年综合实践基地安全保障方案，探索建立行之有效的安全责任落实、事故处理、责任界定及纠纷处理机制，实施分级备案制度，做到层层落实，责任到人。要督促学校落实安全责任，审核基地报送的活动方案和应急预案，与委托方签订安全责任书，明确各方的安全责任。

2. 做好对青少年综合实践基地的资产监管

对已经投入使用或运营的资产，要做好资产登记、管理；对即将报废的资产，要做好清退，并防止基地资产的流失；对需要增加购置或建设的资产，要做好科学论证，并约定好投资方式、比例、使用期限等。总之，做好基地的资产监管是实施托管化改革的重要内容。

3. 做好对青少年综合实践基地的课程监管

教育行政部门要加强对青少年综合实践基地课程的指导和帮助。鼓励各基地结合当地实际设置综合实践、研学旅行、劳动教育课程，并逐步建立小学阶段以乡土乡情为主、初中阶段以县情市情为主、高中阶段以省情国情为主的综合实践、研学旅行和劳动教育课程体系。要开展优质课程评比，以评促建、以评促管，从而不断提升基地课程质量。

4. 做好对青少年综合实践基地的效果监管

成立监管机构或安排专门人员负责监管相关工作。监管机构包括内部监管机构和外部监管机构。内部监管是建立包括基地领导、教师、学校代表、学生代表和家长代表在内的学校运营管理工作领导小组，加强组织领导，完善基地托管的决策管理机制。同时，完善内部监督机制、用人机制、激励机制和评价机制，保证基地托管工作的质量和效率。外部监管是按照上级教育行政部门的统一部署和相关法律法规要求，精心组织、周密安排，公开、透明、安全、高效地开展基地托管工作并向新闻媒体、家长公开基地托管信息，自觉接受上级教育行政部门和社会的监督。

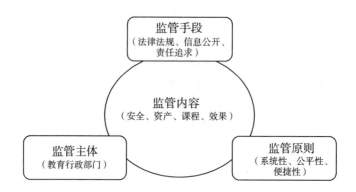

图7-1 青少年综合实践基地托管化改革监管机制示意图

青少年综合实践基地托管化改革的优化措施

联合国教科文组织指出，青少年要"学会做人、学会做事、学会学习、学会共处"，才能适应未来社会发展的需要。这四个"学会"涵盖了思想品德、科学素养、身体素质、劳动技能和审美情趣等素质教育培养的主要方面，也体现了培养青少年实践能力和创新意识的要求。综合实践、研学旅行和劳动教育是实现上述育人目标的重要载体。作为承载综合实践活动的青少年综合实践教育基地，在实施托管化改革的过程中，要始终围绕实践育人这个核心目标，进行顶层化设计，建设专业化队伍，实现特色化发展，实行制度化监管，从而使青少年综合实践教育基地在新时代发挥更加突出的实践育人功能。

第一节　要围绕青少年综合实践基地进行顶层化设计

顶层化设计是青少年综合实践基地进行托管化改革的关键。根据当前一些青少年综合实践基地引入第三方市场主体进行托管化改革的经验，各地在对青少年综合实践实施托管化改革的过程中，要加强顶层设计，从宏观层面、中观层面和微观层面持续推动托管化改革稳步发展。

一、深化青少年综合实践基地托管化改革的思想认识

解放思想、深化认识是一切改革的前提。当前，一些地方的青少年综合实践基地在托管化改革过程中之所以"踌躇不前"，一个很重要的原因在于有

关部门对托管化改革理论的认识不清，还没有形成改革共识。因此，推进青少年综合实践基地的托管化改革，首先应该深化思想认识。

（一）加强托管化改革的政策解读

要围绕青少年校外教育或综合实践基地托管化改革，出台符合国家政策和地方发展实际的改革措施。加快研究制定微观层面基地托管实施细则，实现更高层次的领导协调、部门协同，将基地托管化改革上升为政府行为，充分发挥政府的主导作用，利用政策的指引加强对青少年综合实践基地托管化改革的价值指引。同时，加强基地托管相关法律保障制度的研究，为解决基地托管实施涉及的安全问题、各方之间的权利、责任与义务等问题提供可靠的法律依据，为规范基地托管科学、规范运行创造条件。

（二）加强托管化改革的理论研究

青少年综合实践基地托管化改革是一项系统工程，必须不断吸取先进经验，提高理论研究和实践探索的深度和广度。同时，基地托管理论研究必须紧密结合实践，坚持问题导向，坚持从实践中来、到实践中去，提高解决实际问题的能力和理论指导水平，从而不断完善青少年综合实践基地的托管化管理模式。要在一定范围内组织召开青少年综合实践基地运营机制改革研讨会，围绕托管化改革进行专家论证、风险评估和集体讨论，强化托管化改革的顶层设计，科学、有序地推进托管化改革，适时印发《青少年综合实践基地托管化改革指导意见》，从而夯实青少年综合实践托管化改革的组织、制度基础。

（三）加强托管化改革的全面认知

有关部门要进一步提高对青少年校外实践育人重要性的认识，充分认识实践基地是开展素质教育的基本载体。基地应以服务学生素质教育为宗旨，通过有效的管理不断提高办学质量，提升发展内涵，满足人才培养及落实素质教育的要求，同时在基地发展中重视教师的个人发展。要保持青少年综合实践基地管理目标与培养目标的一致性。在基地管理上，实现基地管理的规范化、科学化、制度化；在学生培养上，立足基地实际，创设形式多样、内容丰富的实践活动载体，为学生自主发展提供广阔的空间、充足的时间和必备的条件，使学生在活动的参与过程中获得感受和经验，在培养兴趣的同时张扬个性，在合作交流中得到学习探究的快乐，在克服困难解决问题的过程中得到成功的体验。

二、强化青少年综合实践基地托管化改革的基础保障

对青少年综合实践基地的托管化改革而言，在顶层设计中做好各类保障措施是顺利推进托管化改革的保证。在这些基础性保障中，要加强调研论证，确保经费保障，强化制度建设。

（一）加强托管化改革的调研论证

理论与实践是具体的、历史的统一，理论来源于实践，理论的目的在于指导实践，为实践服务。青少年综合实践基地托管模式的组织实施，需要得到相关职能部门的支持和认同，并与青少年综合实践基地托管模式的目标、内容、操作流程以及评价等方面达成理念上的共识。相关部门要加强对基地托管试点工作的调研，及时掌握第一手资料，通过座谈会、咨询会等形式加强与基地托管一线教师、工作人员以及体育教育专家的沟通和交流，广泛征求家长、教师、专家以及社会各界的意见建议，并向上级部门反馈信息。只有这样，才能实现青少年综合实践基地托管模式的长效化、制度化，基地托管才能真正得到落实。

（二）加强托管化改革的经费保障

稳定、充足的基地托管资金投入是青少年综合实践基地托管化改革的前提条件。青少年综合实践基地的托管化改革不是"甩包袱"，而是助力基地"提档升级"。因此，通过与第三方托管主体以协议的形式明确对基地的投入关系到基地托管化改革的成效，一定的托管投入也是维持基地在实施托管化改革后能够正常运转的"血液"。如果实施托管化改革后没有一定的资金投入，而是依靠第三方市场主体依托基地通过市场化的手段"造血"，基地托管的质量必定会受影响。因此，要积极拓展基地托管资金来源渠道的多元化，实现基地在托管化改革后能够不断地良性运转和发展。托管资金投入不足会使基地教师不能获得相应的劳动报酬，亦会影响托管活动的组织实施。因此，完善托管经费保障机制是实现青少年综合实践基地托管模式科学、可持续发展的关键。有关部门应投入充足的资金，保障实践基地的课程建设、

保障管理，积极建设活动所需的专用教室、场地设施，引进教学仪器、设备等，或者通过其他渠道为实践基地融资。通过有效整合社会资源，形成以政府投入为主、社会力量参与共建的格局，补充实践基地运作所需要的资金，使实践基地逐步走上可持续发展的道路。要积极拓展托管资金供给渠道，政府支持、学校自筹与家庭购买相结合，努力争取社会力量的参与和支持，实现托管资金来源渠道的多元化。

（三）健全托管化改革的制度建设

健全基地托管制度是青少年综合实践基地托管化改革的重要条件。基地托管属于基础教育综合改革的一部分，必须符合教育部基础教育改革的基本理念和总体要求，完善托管的权利义务、操作流程、监管评价等各方面的组织制度。健全制度建设一方面可以保证青少年综合实践基地在托管化改革过程中的规范化、制度化与长效化；另一方面，可以确保托管后的基地能在正确的轨道上"行驶"。这不仅有利于减少不确定性因素的影响，而且有利于提高基地的托管质量和效率，通过制度保障推动基地与周边具有教育资源的各类市场主体进行融合、整合与聚合，形成发展合力，构建文教体旅的全产业链。

第二节　要推动青少年综合实践基地建设专业化队伍

教育的公益性、接续性、人本性决定了各类青少年校外教育活动场所的师资队伍要有稳定性、专业性。因此，加强教师队伍建设，不仅是各级各类学校的重要任务，也是青少年综合实践基地的重要任务。

一、在队伍构成上要突出"专兼结合"

青少年综合实践基地的托管化改革是一项政策性、专业性都很强的工作，涉及多种有组织、有指导的综合实践活动。它要求建立一支高素质的基地托管师资队伍，对基地托管教师的选拔和任用不仅要关注其专项技术水平，还要关注责任心和教育价值观等，具备一定的教育学、心理学等专业基础知识。可以说，高素质、稳定的基地托管师资队伍是基地托管规范、有序开展的重要保障。因此，应坚持开放的办学理念，充分挖掘、整合各种专业资源为基地教学所用。通过合作办学等模式，建立专兼职相结合的教师队伍，调动社会机构参与办学的主动性。在兼职教师的队伍建设方面，实行托管化改革的青少年综合实践基地可以采取志愿公益或低偿的形式与各类志愿服务团队或组织签订协议，有效解决基地教师数量不足、专业性不强的难题。

二、在队伍素养上要突出"一专多能"

注重培养教师的"一专多能"是基于青少年综合实践基地的课程门类多、师资少的现实情况。通过实现基地教师"一专多能"，可以很好地解决这一突出矛盾，并适应综合实践课程的特点，有效促进教师的专业成长。要以先进理念引领教师队伍建设，充分发挥骨干教师的辐射带动功能，进行课例展示、课例分析，以点带面地促进教师共同进步。同时，要积极改进完善与"一专多能"相适应的教师考核评价制度，充分发挥评价的导向、激励和约束作用，激发教师从事青少年校外实践育人的内驱力。要积极采取"请进来、走出去"的方式开展培训，首先尽可能地创造条件让实践基地的教师"走出去"，到各类青少年综合实践基地实地研修，从而提升素养、开阔眼界；其次要尽可能把专家"请进来"，让青少年综合实践基地的教师在家门口就能够获得业务提升的机会。在专业培训中，可以依据教师个人兴趣专长成立若干研究小组，通过开展"一人多科"或"多人一科"，培养一支具有课程开发能力和教育科研能力的基地教师队伍。

三、在队伍待遇上要突出"托底保障"

优秀的师资是实践基地实现健康、优质发展最根本、最关键的因素。在青少年综合实践基地的托管化改革过程中，要突出政府财政的"托底保障"作用，通过第三方购买服务的形式，给予基地教师一定的工资补贴，从而提高他们对基地的认同度和获得感，提升他们从事校外教育事业的积极性和创造性。有关部门可以在总结经验的基础上，适时印发相关意见，建立一定的准入机制，指导各级各类综合实践基地建设专业化队伍。在具体实施中，可

青少年 综合实践基地托管化改革研究

按照有关要求，向各青少年综合实践基地发放师资队伍专项建设补助资金，通过"采取政府购买服务方式，吸引社会力量提供劳动教育服务"，从而有效引导各青少年综合实践基地积极建设专业化、稳定化的师资团队。

第三节　要鼓励青少年综合实践基地实现特色化发展

特色化发展是青少年综合实践基地健康发展的动力源。当前，各地青少年综合实践基地都是按照示范性基地的标准进行建设和运营的，但综合实践课程存在同质化现象，地域特色不明显。

一、推动基地设置特色课程

课程是实现培养目标的主要载体，课程管理是实践基地管理的核心，课程体系是课程建设的引领，在基地管理中具有极其重要的作用。基地进行托管化改革后，要鼓励其结合当地风俗人情、地域特色设置相关的体验性课程，构建乡村文化、特色活动、互动体验、创新教育的多元化场景，使其成为文教体旅融合发展的新载体和大中小学实践育人一体化建设的新平台。与此同时，由于实践育人课程难以实现标准化建设，有关部门可定期开展一定范围的青少年校外教育活动场所（包括各类基地、营地、实践综合体）特色课程建设成果展示交流会，引导青少年校外教育活动场所从规模化向内涵化，从普适化向特色化方向发展。

二、帮助基地用好特色资源

坚持开放的办学理念。一方面，实践基地要积极挖掘利用自身资源，围绕课程体系的构建，充分利用好基地已有的设施设备开展教学。另一方面，要积极争取各级政府部门以及行业主管机构等有关部门的支持和配合，动员各行各业为学生开展实践创造条件，充分挖掘和利用实践基地周边和区域内外的教育资源，拓展实践活动范围和内容，在更大区域范围内建立中小学实践基地资源数据库，把实践基地办成开放性的"大课堂"。

三、鼓励基地突出特色定位

每个地区都有一定的地域特色。青少年综合实践基地通过示范化、标准化建设，导致其在课程建设等方面的趋同度较高。在这种情况下，只有鼓励基地立足实绩、突出特色定位，才能更好地开展各类校外教育活动。

第四节　要针对青少年综合实践基地实行制度化监管

制度化监管是确保青少年综合实践基地健康发展的重要保证，能够有效促进实践基地的管理。中小学生综合实践教育还是一个新事物，其办学机制还处于探索之中，还存在一些短板，亟需构建一个科学完善的基层监督体系。目前，虽然实践基地实行了绩效考核，但其对教师身上的激励作用却不尽如人意，很难对管理起到促进作用。在课程建设上，主要是课程的评价、考核、评比等综合评价机制不够健全；在教学实施上，主要是各学段学生的实践能力与课程要求匹配度不足。在托管的情况下，如何进一步探索和完善相关监管机制更需要组织有关力量进一步研究落实。总体来说，基地教师工作积极性整体不高，实践基地激励机制的有效性还不够，激励考核机制还要进一步完善。针对青少年综合实践基地实施制度化监管，要做好以下几个方面的工作。

一、明确基地的监督机构

明确由谁来监督基地的托管化改革是确保基地健康发展的关键。各地在监督机构的设置上，在宏观层面可成立中小学生校外教育领导机构，统筹调度中小学生劳动教育、综合实践、研学旅行等校外教育实践活动，探索并打造中小学生校外实践教育管理服务的新模式；在中观层面成立青少年校外教育管理中心或青少年实践活动研究中心，分类指导各学段的劳动教育、综合实践、研学旅行等校外教育建设，推动制定《中小学生校外劳动实践与评价指导手册》等劳动教育制度，总结推广各地具有可操作性的、应用型的劳动教育实践经验；在微观的具体工作层面确定专门人员加强对实践综合体以及各类青少年校外活动场所的协调对接和总结汇报工作。

二、完善基地的监督评价

有关部门要将基地的管理情况纳入教育督导检查和评价的内容与范围，组织开展定期或不定期的绩效评估。首先，建立和完善托管绩效评估机制，促进评估主体多元化，积极吸纳学生、家长、教师等多元主体的参与，抓紧制订适用性和可操作性强的评估标准。同时，适时引入专业化行业评估机构，将评估结果录入社会信用记录体系，保障评估的独立、公正。其次，探索基地课程监督机制。通过课程评价，可以发现基地课程建设中的一系列问题，并为改进管理提供科学参考。再次，要加强过程性监督。对基地的监督管理应确保覆盖全过程、全时空，应当将涉及的人财物等全部要素纳入监督管理视野，在空间上将基地内部和外部等影响其科学化管理的各种条件、因素全部纳入监督评价范围，从而保证基地在托管化管理中的无缝衔接。最后，有关部门要强化对基地教学的检查指导，将针对基地的学科教研活动纳入区域教研组织的统一规划之中，使基地学科教师也能获得与中小学教师一样的区域层面的教学指导。

三、优化基地的奖励机制

实践证明，有效监管的背后需要明确的奖励机制。从各地青少年校外实践活动中心试运行的反馈情况看，教育如果缺乏奖励机制，缺失经费支持，以"托管"之名"甩包袱"，就会导致日常监管的无力，进而弱化监管力度。因此，我们可以根据当前各地青少年综合实践基地托管化改革的实际，实施以奖代补等机制，对托管化基地进行奖励，引导其健康、有序发展。首先，要通过奖励机制提升其实践育人成效。当前，各地青少年综合实践基地基本是按照示范性基地的标准进行建设，实践课程呈现高度的同质化现象，反映地域特色和社会发展成果的实践课程不多，实践育人效果有待提升。通过实施以奖代补，有利于激发基地的活力和创造力，推动基地从规模化向内涵化、从普适化向特色化方向发展。其次，要通过奖励机制整合更多社会资源。青少年综合实践教育具有社会性、系统性的特点，虽然教育对象是中小学生，但其本质上并不是学校教育，而属于社会教育。在市场经济条件下，以"安全第一"的底线思维包揽基地的建设和运营能够确保综合实践教育的发展"底线"，但难以推动综合实践教育上层次、上水平。因此，可以通过建立一定的奖励机制，使基地发挥主观能动性，以此为基础整合各类校外教育资源。一方面能够确保综合实践基地的"公益性"发展定位；另一方面也能发挥"四两拨千斤"的效果，调动更多社会力量参与综合实践基地建设，实现青少年综合实践基地的"提档升级"。

附录

表1　全国150家示范性综合实践基地托管化改革情况统计

序号	省份	基地名称	示范性基地建设年份
1	天津市	武清区示范性综合实践基地	2011
2	河北省	秦皇岛市示范性综合实践基地	2011
3	山西省	大同市示范性综合实践基地	2011
4	吉林省	白城市示范性综合实践基地	2011
5	黑龙江省	大兴安岭地区示范性综合实践基地	2011
6	江苏省	苏州市吴中区示范性综合实践基地	2011
7	浙江省	舟山市示范性综合实践基地	2011
8	福建省	三明市示范性综合实践基地	2011
9	江西省	赣州市示范性综合实践基地	2011
10	山东省	威海市示范性综合实践基地	2011
11	河南省	济源市示范性综合实践基地	2011
12	湖北省	荆州市示范性综合实践基地	2011
13	湖南省	湘潭市示范性综合实践基地	2011
14	广西壮族自治区	玉林市示范性综合实践基地	2011
15	重庆市	万州区示范性综合实践基地	2011
16	四川省	泸州市示范性综合实践基地	2011
17	贵州省	毕节地区（现毕节市）示范性综合实践基地	2011
18	云南省	临沧市示范性综合实践基地	2011
19	甘肃省	庆阳市示范性综合实践基地	2011

序号	省份	基地名称	示范性基地建设年份
20	新疆维吾尔自治区	乌鲁木齐市示范性综合实践基地	2011
21	天津市	宝坻区示范性综合实践基地	2012
22	河北省	石家庄市示范性综合实践基地	2012
23		张家口市示范性综合实践基地	2012
24	山西省	晋中市示范性综合实践基地	2012
25		运城市示范性综合实践基地	2012
26	内蒙古自治区	呼伦贝尔市示范性综合实践基地	2012
27		通辽市示范性综合实践基地	2012
28	辽宁省	丹东市示范性综合实践基地	2012
29		盘锦市示范性综合实践基地	2012
30		鞍山市示范性综合实践基地	2012
31	吉林省	四平市示范性综合实践基地	2012
32		延边州示范性综合实践基地	2012
33	黑龙江省	牡丹江市示范性综合实践基地	2012
34		齐齐哈尔市示范性综合实践基地	2012
35	上海市	青浦区示范性综合实践基地	2012
36	江苏省	淮安市示范性综合实践基地	2012
37	浙江省	衢州市示范性综合实践基地	2012
38		温州市示范性综合实践基地	2012
39	安徽省	马鞍山市示范性综合实践基地	2012
40		宣城市示范性综合实践基地	2012
41	福建省	漳州市示范性综合实践基地	2012

续表

序号	省份	基地名称	示范性基地建设年份
42	江西省	南昌市示范性综合实践基地	2012
43		上饶市示范性综合实践基地	2012
44	山东省	潍坊市示范性综合实践基地	2012
45		济南市示范性综合实践基地	2012
46		济宁市示范性综合实践基地	2012
47	河南省	驻马店市示范性综合实践基地	2012
48		三门峡市示范性综合实践基地	2012
49		濮阳市示范性综合实践基地	2012
50		鹤壁市示范性综合实践基地	2012
51	湖北省	宜昌市示范性综合实践基地	2012
52		荆门市示范性综合实践基地	2012
53		鄂州市示范性综合实践基地	2012
54	湖南省	株洲市示范性综合实践基地	2012
55		郴州市示范性综合实践基地	2012
56	广东省	韶关市示范性综合实践基地	2012
57		汕头市示范性综合实践基地	2012
58	广西壮族自治区	梧州市示范性综合实践基地	2012
59		来宾市示范性综合实践基地	2012
60	海南省	万宁市示范性综合实践基地	2012
61		儋州市示范性综合实践基地	2012
62	重庆市	巴南区示范性综合实践基地	2012
63		铜梁县（现铜梁区）示范性综合实践基地	2012

序号	省份	基地名称	示范性基地建设年份
64	四川省	眉山市示范性综合实践基地	2012
65		宜宾市示范性综合实践基地	2012
66		广安市示范性综合实践基地	2012
67	贵州省	铜仁市示范性综合实践基地	2012
68	云南省	文山州示范性综合实践基地	2012
69		德宏州示范性综合实践基地	2012
70	西藏自治区	拉萨市示范性综合实践基地	2012
71		日喀则地区（现日喀则市）示范性综合实践基地	2012
72	甘肃省	兰州市示范性综合实践基地	2012
73		张掖市示范性综合实践基地	2012
74		白银市示范性综合实践基地	2012
75	青海省	西宁市示范性综合实践基地	2012
76		海东地区（现海东市）示范性综合实践基地	2012
77	宁夏回族自治区	吴忠市示范性综合实践基地	2012
78		固原市示范性综合实践基地	2012
79	新疆维吾尔自治区	伊宁市示范性综合实践基地	2012
80	新疆生产建设兵团	农八师石河子市示范性综合实践基地	2012
81	北京市	门头沟区示范性综合实践基地	2013
82	河北省	保定市示范性综合实践基地	2013
83	山西省	太原市示范性综合实践基地	2013
84	内蒙古自治区	赤峰市示范性综合实践基地	2013

续表

序号	省份	基地名称	示范性基地建设年份
85	辽宁省	阜新市示范性综合实践基地	2013
86	吉林省	辽源市示范性综合实践基地	2013
87	黑龙江省	伊春市示范性综合实践基地	2013
88		鸡西市示范性综合实践基地	2013
89	江苏省	常州市示范性综合实践基地	2013
90		南通市示范性综合实践基地	2013
91	安徽省	芜湖市示范性综合实践基地	2013
92		六安市示范性综合实践基地	2013
93	福建省	泉州市示范性综合实践基地	2013
94	江西省	抚州市示范性综合实践基地	2013
95		吉安市示范性综合实践基地	2013
96	山东省	聊城市示范性综合实践基地	2013
97		临沂市示范性综合实践基地	2013
98	河南省	焦作市示范性综合实践基地	2013
99		南阳市示范性综合实践基地	2013
100		漯河市示范性综合实践基地	2013
101	湖北省	黄冈市示范性综合实践基地	2013
102		孝感市示范性综合实践基地	2013
103	湖南省	长沙市示范性综合实践基地	2013
104		怀化市示范性综合实践基地	2013
105	广东省	信宜市示范性综合实践基地	2013
106	广西壮族自治区	桂林市示范性综合实践基地	2013

序号	省份	基地名称	示范性基地建设年份
107	重庆市	荣昌县（现荣昌区）示范性综合实践基地	2013
108	四川省	广元市示范性综合实践基地	2013
109		遂宁市示范性综合实践基地	2013
110	贵州省	遵义市示范性综合实践基地	2013
111		黔东南苗族侗族自治州示范性综合实践基地	2013
112	云南省	楚雄彝族自治州示范性综合实践基地	2013
113		红河哈尼族彝族自治州示范性综合实践基地	2013
114	西藏自治区	那曲地区（现那曲市）示范性综合实践基地	2013
115	陕西省	延安市示范性综合实践基地	2013
116		渭南市示范性综合实践基地	2013
117		安康市示范性综合实践基地	2013
118	甘肃省	临夏回族自治州示范性综合实践基地	2013
119	新疆维吾尔自治区	库尔勒市示范性综合实践基地	2013
120		昌吉回族自治州示范性综合实践基地	2013
121	天津市	静海县（现静海区）示范性综合实践基地	2014
122	河北省	邢台市示范性综合实践基地	2014
123	山西省	晋城市示范性综合实践基地	2014
124	内蒙古自治区	包头市示范性综合实践基地	2014
125	吉林省	通化市示范性综合实践基地	2014
126	江苏省	镇江市示范性综合实践基地	2014
127	浙江省	宁波市示范性综合实践基地	2014
128		金华市示范性综合实践基地	2014

序号	省份	基地名称	示范性基地建设年份
129	安徽省	铜陵市示范性综合实践基地	2014
130		滁州市示范性综合实践基地	2014
131	福建省	南平市示范性综合实践基地	2014
132		龙岩市示范性综合实践基地	2014
133	江西省	鹰潭市示范性综合实践基地	2014
134	山东省	东营市示范性综合实践基地	2014
135	河南省	信阳市示范性综合实践基地	2014
136	湖南省	衡阳市示范性综合实践基地	2014
137		岳阳市示范性综合实践基地	2014
138	广东省	茂名市示范性综合实践基地	2014
139	广西壮族自治区	贺州市示范性综合实践基地	2014
140	海南省	海口市示范性综合实践基地	2014
141	重庆市	南川区示范性综合实践基地	2014
142	贵州省	贵阳市示范性综合实践基地	2014
143	西藏自治区	林芝市示范性综合实践基地	2014
144	陕西省	宝鸡市示范性综合实践基地	2014
145		榆林市示范性综合实践基地	2014
146	甘肃省	金昌市示范性综合实践基地	2014
147	青海省	海南州示范性综合实践基地	2014
148	宁夏回族自治区	石嘴山市示范性综合实践基地	2014
149	新疆维吾尔自治区	喀什市示范性综合实践基地	2014
150	新疆生产建设兵团	第一师阿拉尔市示范性综合实践基地	2014

表2 全国中小学生研学实践教育营地名单

序号	省份	基地名称	批准时间	备注
1	北京市	北京市自动化工程学校	2018	
2	河北省	石家庄市青少年社会综合实践学校	2017	国家示范基地
3	山西省	晋中市中小学示范性综合实践基地	2017	国家示范基地
		大同市示范性综合实践基地	2018	国家示范基地
4	内蒙古自治区	呼伦贝尔市海拉尔区素质教育实践学校（北师高级中学）	2017	国家示范基地
		包头市中小学社会综合实践教育中心	2018	国家示范基地
5	辽宁省	盘锦市示范性综合实践基地	2018	国家示范基地
		大连金普新区素质教育活动中心	2018	
6	吉林省	四平市中小学社会实践教育中心	2018	
		白城市示范性综合实践基地		国家示范基地
7	黑龙江省	伊春市中小学生综合实践学校	2017	
		大兴安岭地区中小学综合实践学校	2018	
8	上海市	青少年校外活动营地——东方绿舟	2017	
		金山区青少年实践活动中心	2018	
9	江苏省	南京市未成年人社会实践行知基地	2018	
		镇江市青少年活动中心	2018	
10	浙江省	衢州市中小学素质教育实践学校	2018	国家示范基地
		杭州市萧山区青少年素质教育实践基地	2018	
11	安徽省	铜陵市示范性综合实践基地	2017	国家示范基地
		滁州市示范性综合实践基地	2018	国家示范基地
12	福建省	泉州市示范性综合实践基地	2017	国家示范基地
		龙岩市示范性综合实践基地	2018	国家示范基地

续表

序号	省份	基地名称	批准时间	备注
13	江西省	吉安市示范性综合实践基地	2018	国家示范基地
14	湖北省	荆门市示范性综合实践基地	2018	国家示范基地
		宜昌市青少年实践教育基地	2018	国家示范基地
15	四川省	广元市示范性综合实践基地	2018	国家示范基地
		泸州市教育实践基地	2018	国家示范基地
16	山东省	临沂市青少年示范性综合实践基地	2017	国家示范基地
		潍坊市中小学生示范性综合实践基地（潍坊市实验学校）	2017	国家示范基地
17	河南省	济源市示范性综合实践基地	2017	国家示范基地
18	湖南省	长沙市中小学素质教育实践基地岳麓营地（长沙市示范性综合实践基地）	2017	国家示范基地
19	广西壮族自治区	玉林市示范性综合实践基地	2017	国家示范基地
20	陕西省	西安市中小学校外综合实践活动基地	2017	
		渭南市示范性综合实践基地	2018	国家示范基地
21	甘肃省	兰州市中小学综合实践基地	2018	国家示范基地
		张掖市示范性综合实践基地	2018	国家示范基地
22	青海省	海东市互助县中小学生社会实践教育中心	2018	
		西宁市中小学生社会实践教育中心	2018	
23	新疆维吾尔自治区	乌鲁木齐市青少年综合实践教育中心	2017	国家示范基地
		阿勒泰地区福海县青少年活动中心	2018	国家示范基地

参考文献

［1］中共中央文献研究室编.毛泽东文集（第7卷）［M］.北京：人民出版社，1993.

［2］杨春良.综合实践基地建设与管理［M］.长春：东北师范大学出版社，2020.

［3］彭聘龄.普通心理学（第5版）［M］.北京：北京师范大学出版社，2019.

［4］张文新.青少年发展心理学［M］.济南：山东人民出版社，2002.

［5］张向葵，李力红.青少年心理学［M］.长春：东北师范大学出版社，2007.

［6］刘春生，徐长发.职业教育学［M］.北京：教育科学出版社，2002.

［7］沈莹.托管的理论与实践［M］.北京：经济科学出版社，2000.

［8］康树华.青少年犯罪、未成年人犯罪概念的界定与涵义［J］.公安学刊（浙江公安高等专科学校学报），2000（3）：15-19.

［9］周少明.综合实践活动基地课程资源开发的策略与实践研究——以广州市中学生劳动技术学校实践基地为例［J］.教学与管理，2015（1）：8-10.

［10］王中正.中小学综合实践基地课程开发初探［J］.中学课程辅导（教师教育），2020（16）：124-125.

［11］张玮，薛保红.国家级综合实践基地开展野战运动的实践研究［J］.广西民族师范学院学报，2020（3）：137-140.

［12］王定国，葛昌明.中小学研学旅行课程设计与实施——以甘肃省白银市中小学生综合实践基地为例［J］.甘肃教育研究，2022（6）：115-118.

［13］邵杨杨.中国证券投资基金托管问题研究［D］.北京：首都经济贸易大学，2009.

［14］于素云.中小学素质教育实践基地理念探讨［J］.教育理论与实践，2003（18）：36-38.

［15］顾宏伦.中小学生社会实践基地的建设策略［J］.中国教育技术装备，2009（17）：80-83.

［16］胡小杰、黄秋波.中小学素质教育实践基地的功能设计［J］.教学仪器与实验，2010（12）：52-54.

［17］吕新博.实践基地课程开发与实施的研究——以张店区中小学生素质教育实践基地为案例［D］.济南：山东师范大学，2008.

［18］田丹丹.中小学社会实践基地建设和发展的历史进程［J］.中国现代教育装备，2012（10）：15-16.

［19］林美玉，邹开煌.校外综合实践活动基地建设与常态实施探索［J］.福建教育学院学报，2015（10）：78-79.

［20］傅强.对中小学社会实践基地功能定位的思考［J］.江苏教育研究，2013（9）：24-25.

［21］刘建勇.从"四偏"到"四重"——浅谈中小学实践基地综合实践活动课程结构的优化［J］.江苏教育研究，2015（5）：40-42.

［22］施建东.关于中小学社会实践基地课程建设的实践与思考［J］.江苏教育研究，2013（11）：37-39.

［23］林美玉.校外综合实践活动基地建设与常态实施探索［J］.福建教育学院学报，2015（10）：79-80.

［24］陈印昌.联合国托管制度研究——以1940年代为中心［D］.上海：上海师范大学，2008.

［25］王建中.公立医院体制改革中的托管制研究［D］.苏州：苏州大学，2004.

［26］高贵德.PH医院托管SC医院的策略研究［D］.济南：山东大学，2006.

［27］王华明.医改背景下托管医院管理模式研究——以南方燕岭医院为例［D］.广州：南方医科大学，2012.

［28］朱云福，郭云凤."名校托管、一校两区"：城乡教育均衡发展的助推器——浙江衢州市柯城区促进区域教育均衡发展的探索［J］.中小学管理，2010（12）：30-32.

［29］刘京海.教育中介机构托管农村薄弱学校的实践与思考——以上海成功教育管理咨询中心委托办学为例［J］.上海教育科研，2015（3）：22-25.

［30］黄丹凤.上海市农村义务学校"委托管理"工作的实践与思考［J］.上海教育科研，2012（4）：33-36.

［31］徐莉莉."一校N区"的教育托管——求解城乡教育均衡的重要举措［J］.中国教育学刊，2009（2）：35-38.

［32］李彦荣.学校委托管理的实施策略与发展思考——以上海市义务教育学校委托管理为例［J］.中国教育学刊，2010（11）：22-25.

［33］胡庆芳，程可拉.美国新课程标准推动下最佳实践的课堂建构［J］.比较教育研究，2004（6）：33-36.

［34］于玲君.美国能力本位教育的现状、特征与启示［J］.社会科学论坛，2006（8）：130-133.

［35］王磊.德国"实践教育"有待提高［J］.中国报道，2011（3）：72.

［36］刘熙.全球经济危机背景下英国教育策略研究［J］.世界教育信息，2009（4）：44-47.

［37］周红霞，唐科莉，李震英.金融危机背景下各国教育的一致应对［J］.基础教育参考，2009（8）：40-43.

［38］李震英.面对经济危机韩国高调推出"教育福利促进计划"［J］.基础教育参考，2009（6）：44-46.

［39］中国驻欧盟使团教育文化处.欧盟教育发展政策走向及其对我国的启示［J］.世界教育信息，2009（2）：18-20.

［40］赵亮.新加坡高等教育国际化政策述略［J］.中国科教创新导刊，2007（475）：18.

［41］曾素林.论实践教育：基于实证方法与国际比较［D］.武汉：华中师范大学，2013.

［42］盛涛.高校"实践育人共同体"建设研究：回顾与展望［J］.中国轻工教育，2019（4）：15-18.

［43］李明.行政契约理论与实践研究［D］，上海：上海社会科学院，2007.

［44］胡新峰，李丹."大思政课"视域下实践育人一体化建设探析［J］.思想政治课教学，2023（8）：18-21.

［45］肖雅琪.中小学综合实践基地建设现状及对策研究——以龙井市综合实践基地校为例［D］.延吉：延边大学，2019.

［46］陈静.系统思维下课程思政要素协同路径研究［J］.牡丹江教育学院学报，2021：99-101.

［47］李明.行政契约理论与实践研究［D］.上海：上海社会科学院，2007.

［48］应姗姗.宁波市区中小学体育场馆托管模式的实证研究［D］.上海：华东师范大学，2009.

［49］张向阳.河南省中小学课后校内托管教育调查报告［J］.黄河科技学院学报，2022（10）：97-100.

［50］吕宏健.中小学教育实践基地管理的研究——以大连市为例［D］.大连：辽宁师范大学，2015.

［51］胡孝武."基地+学校"模式下综合实践活动合作研究——以株洲市示范性综合实践基地为例［D］.长沙：湖南师范大学，2018.

［52］王丽萍.青少年犯罪行为决策及其预防研究［D］.烟台：鲁东大学，2022.

［53］许博洋.青少年网络越轨的影响因素研究——以我国三省高职学生为研究对象［D］.北京：中国人民公安大学，2023.

［54］于家懿.高中通用技术课程在示范性综合实践基地实施的行动研究［D］.长春：东北师范大学，2021.

［55］梅彩丽.国家级示范性综合实践基地行为文化建设研究——以M基地为例［D］.武汉：华中师范大学，2021.

［56］崔胜利.城市小学生体育托管模式研究［D］.黄石：湖北师范大学，2016.

［57］赵臻.基于托管模式下中国开发区建设的治理研究——以昆明为例［D］.

成都：西南财经大学，2012.

［58］陈辛垚.新疆农业生产托管服务模式效果评价研究［D］.乌鲁木齐：新疆农业大学，2021.

［59］王立高.壮族优秀传统文化融入青少年思想政治教育研究［D］.武汉：中国地质大学，2019.

［60］徐俊."德智体美劳"五育并举正源［J］.现代教育论丛，2023（5）：5-19.

［61］颜叶芳.德智体美劳"五育"：从分裂到融合——以高校课堂教学为例［D］.长沙：湖南师范大学，2019.

［62］应姗姗.宁波市区中小学体育场馆托管模式的实证研究［D］.上海：华东师范大学，2009.

［63］张向阳.河南省中小学课后校内托管教育调查报告［J］.黄河科技学院学报，2022（10）：97-100.

［64］王国明.迈向优质与公平——党的十八大以来我国基础教育改革与发展［J］.中小学校长，2022（10）：2-7.

后记

作为日照市青少年综合实践基地的"老兵",我有幸见证了基地从创建、提升、赋能到改革的一段又一段历程,这些过程仍然历历在目。

青少年综合实践基地是"新课改"的产物。自基地建成之日起,改革创新几乎没有停过。我对基地的了解始于2004年的《中共中央国务院关于进一步加强和改进未成年人思想道德建设的若干意见》。该文件深刻阐述了加强和改进未成年人思想道德建设的重要性,强调了建设适合青少年校外活动基地的紧迫性。

在面对学校整合和未来方向选择的关键时刻,我校果断抓住了转型发展的机遇。与全国其他面临同样挑战的农村高中和中职学校一样,我校根据上级教育部门的规划和指导,决定转型升级为青少年校外教育基地,这一决策旨在为市、区范围内的青少年学生提供一个能够促进其全面发展的新平台。对我个人而言,虽然已获得"山东省优秀教师""山东省教学能手"和"日照市学科带头人"等荣誉,但是,面对教师肩负的使命和责任,我选择了投身到建设新的教育基地的艰巨任务中。在这个全新的学习和考察过程中,我更加深刻地感受到了教育改革的重要性和迫切性。教育实践基地的建设不仅为青少年开辟了一个全新的成长舞台,同时也为我们这些身处一线的教育工作者提供了宝贵的锻炼机会和职业发展空间。通过这样的转型和发展,我们能够更好地适应教育改革的趋势,为学生提供更加丰富和多元的学习环境,共同迎接教育发展的新未来。

2006年秋季,我有幸带领学校30多位老师前往山东省内的三个全国青少年校外活动示范基地进行学习考察。这三个地方分别是山东省青少年活动中心、潍坊市中小学生科技创新教育实践基地(潍坊实验学校)和青岛市青少年活动中心。那时正值"新课改"的初期阶段,校外教育工作者们经历了大量的探索与尝试，从这些基地的名称中便可见一斑。在这次考察学习中，让我印象特别深刻的是在潍坊市中小学生科技创新教育实践基地度过的一周。我们不仅领略了"全国基地一家人"的温暖氛围，还感受到了全国"基地人"之间真挚的情感交流。潍坊基地以"在活动中培养学生的实践品格和能力，发展学生的健全个性"为办学宗旨，结合地方文化特色、生活实际、现代科技发展、生命安全意识以及职业规划等，开发了五大类精心设计的课程体系。作为带队教师，我与其他教师一同学习管理知识，深入探讨各类课程内容。晚上回到宿舍休息时，我们就白天的学习成果进行讨论和交流，共同规划第二天的学习计划。那段时间虽然紧张，但回想起来却无比充实和宝贵，它不仅提升了我们的专业素养，也增强了团队之间的合作与交流，对我个人以及整个教师团队都产生了深远的影响。

回到学校后，我与同事们紧密协作，根据2001年颁布的《义务教育综合实践活动课程指导纲要（试行）》的精神，结合外出学习考察得到的宝贵经验，采取了一种全新的模式来开展实践基地的建设工作。这种模式鼓励教师自由组合、自主设计课程，先从模仿开始，逐步转向创新。

得到了学校的大力支持后，老师们各展所长，积极参与到制订计划、制作方案、设计课程、整合资源以及建设活动教室等各个环节中。这个过程本身也成了老师们的一次综合实践课。经过五个月的辛勤努力和共同合作，学校最终成功建设了包括生存体验、素质拓展、科学探究和主题教育在内的四大领域、三十个丰富多彩的活动项目。

可以说，这三十个活动项目不仅是实践教育基地的重要组成部分，也是每位参与教师智慧和汗水的结晶。这些成果不仅丰富了学校的教育资源，也提升了教师在综合实践活动设计与实施方面的专业能力，为学生提供了更多实践和探索的机会。2007年12月，我们的实践基地迎来了河山中学初一年级的学生。根据试运营情况，我们及时发现了实践活动中存在的问题，并组织教师进行研讨和整改，重新调整了内容，改进了授课方式，加大了学生活动场所安全隐患的排查力度，逐项整改了试运营中发现的问题。2008年3月，我们进行了第二次试运营，并根据实际情况进行了调整。每一次的整改都包含着老师们辛勤的劳动和汗水。经过试运营、反馈、整改、再运营、再反馈、再整改的过程，2009年9月，日照市青少年综合实践基地正式针对市区范围内的初一学生开放综合实践活动。

经过一学年的正式运营，市教育局组织专人对基地运营情况进行了全方位的问卷调查，调查内容涉及课程设置情况、学生学习情况、学校收费情况、学生安全情况以及家长的意见建议等。调查结果显示，学生满意率达100%，家长满意率达100%，参加活动学校满意率达100%，学校的声誉也得到了大幅度提高。省、市领导多次到基地指导工作，基地先后接待了济南市中区实践基地、山东省即墨区实践基地、山东省沂南县实践基地、山东省昌乐实践基地、安徽淮南实践基地、临沂实践基地等数十家基地的考察学习。教师的积极性空前高涨，社会好评如潮。

2013年，我校被认定为山东省首批"省级示范性综合实践基地"，同时国家级示范性基地建设全面推开，150家示范基地领跑全国综合实践工作。2017年新基地迁建完成，活动室、主题馆、餐厅、宿舍焕然一新，基地功能得到了极大提升。紧跟教育部、国家发展改革委等11部门联合印发的《关于推进中小学生研学旅行的意见》，基地进行了课程改革，拿出半天的时间组织学生开展研学旅行活动，这是综合实践基地的第一次赋能。2020年7月15日，教育部公布了《大中小学劳动教育指导纲要（试行）》，我们再次对基地课程进行改革，减少了与劳动无关的综合实践课的占比，重点开设家政教育、学工、学农教育、公益劳动、志愿服务等课程，很多学校的劳动周也都放在了基地开展，这是实践基地的第二次赋能。2017年12月，我代表基地在教育部装备中心、陶行知研究会实践分会主办的综合实践教育研讨会上做了关于基地文化建设和研学旅行的典型发言。

2019年10月，为了将全市区级中小学校外综合实践全部纳入综合实践基地，市领导提出了新基地扩建、运营由国企承担的构想。改革又要来了，尽管基地被国企托管化运营并不是新生事物，个别基地托管后运营得也很好，如临沂基地、滁州基地，但关于为什么要托管、托管的好处是什么以及托管存在哪些问题的研究却很少。直到济宁医学院陈海华老师到我校进行学术调研，那次交流让我茅塞顿开。他了解了基地的课程设置、运营情况和构想后，认为随着课程改革的深入和文教体旅融合事业的发展，基地被不断赋能，各地青少年综合实践基地原先普遍实行的"政府投入、财政托底、学校化管理"的管理机制，可能会越来越不适应时代发展要求。这一观点我是认同的，我曾去过几个国家级示范基地参观学习，交流期间发现基地在基础管理、队伍建设、课程设置、运营保障等方面面临诸多困难和挑战，特别是政府投入不足、设备年久失修、课程更新换代慢、教师心有余而力不足等，越来越影响学生创新精神、实践能力、劳动技能、研学旅行等教育目标的有效达成。

2022年底，我参与研究的课题：中小学"大思政课"校外实践教学资源开发与利用，被山东省教育厅列为基础教育教学改革重点项目，综合实践基地作为校外思政实践课程的资源单位，应该发挥怎样的作用呢？我认为在综合实践课程实施过程中，始终坚持以市教育局统筹安排、以实践基地为中心，实践主干课程在基地、食宿在基地，拓展活动场域，逐步探索把综合实践基地建设成思政实践教育的辐射点、研学旅行的中转点、综合实践的中心点、劳动教育的体验点，牢固树立服务意识，打造综合实践、研学旅行、劳动教育、思政实践教育的综合体。这种"1+N"的教学模式既保证了思政实践教育的系统性和连贯性，又充分考虑到学校思政实践课的需求和学生安全，既最大限度地解决了学校综合实践、研学旅行、劳动周、思政实践课的后顾之忧，又初步完成了教育部等十部门关于《全面推进"大思政课"建设的工作方案》的通知中"各基地要积极创造条件，与各地教育部门、学校建立有效工作机制，协同完成好实践教学任务"的基本要求。

在这个背景下，我们以青少年综合实践基地的托管化改革为研究对象，通过系统调查和研究，结合省内外相关经验和做法，从文教体旅融合的角度对青少年综合实践基地的托管化改革进行探讨。

这是我第一次和大学教授合作研究，以前我认为做研究就是查阅资料、整理归纳，但这次的研究过程完全颠覆了我对以往的看法。在与陈海华老师的合作中，我学到了很多宝贵的经验和方法。他严谨的工作态度和扎实的工作作风深深地感染了我。他总是强调"要将论文写在祖国的大地上，首先写在学校的驻地——齐鲁大地上"。这种情怀让我深受启发，也让我明白了研究的价值所在。

有一次，在调研过程中，我们驱车1 600多千米，实际考察了多家青少年综合实践基地，收集了大量的第一手研究资料。晚上休息时，陈老师会将收集到的资料进行分类、整理和记录。他的认真和细致让我深感敬佩，也让我明白了研究需要付出的努力和耐心。

为了获取更多的研究数据，了解全国范围内的青少年综合实践基地托管化改革的新进展、新情况，我阅读了中国陶行知研究会实践教育分会副理事长、广东省中小学校外教育协会秘书长和深圳市人民政府督学、中国第一个中小学综合实践基地——深圳市中小学德育基地的主要创办者之一的杨春良校长的大量著作，并多次与杨校长进行交流学习，我对他的感激之情不胜言表。同时，我还电话调研了数十个国家级示范性综合实践基地、十几个各类研学机构、学术团体等，均得到了他们的热情回复。在此，感谢他们的无私帮助，感谢他们对基地托管化改革的见解和建议，这是本书最重要的研究素材。

最后，再次感谢所有给予我支持和帮助的人。在这本书的创作过程中，尽管我们克服了各种困难，但由于时间仓促，创作水平有限，书中的一些内容可能还缺乏较为充分的论证与实践。不足之处，敬请各位读者批评指正。

周士涛

2024年1月18日